ケーキの新しい楽しみ方 2023

スイートな時間を過ごす!

あすか 佐藤

目次

9

オート麦とレーズンのクッキー

20にします

薄力粉 175g/6オンス/3/4カップ

ロールドオーツ 150g/5オンス/1¼カップ

生姜 小さじ1/5ml

ベーキングパウダー 2.5ml/小さじ1/2

2.5ml/小さじ½重炭酸ソーダ（重曹）

ソフトブラウンシュガー 100g/1/2カップ

レーズン 50g/2オンス/1/3カップ

卵1個、軽く溶きます

オイル 150ml/¼pt/2/3カップ

牛乳 60ml/大さじ4

乾燥材料を混ぜ合わせ、レーズンを入れてかき混ぜ、中央にくぼみを作ります。卵、油、牛乳を加えて混ぜ、生地を柔らかくする。スプーン一杯の混合物を油を塗っていないベーキング(クッキー)シートに置き、フォークで少し平らにします。予熱したオーブンで200℃/400℉/ガスマーク6で10分間、黄金色になるまで焼きます。

スパイスオートミールビスケット

30になります

柔らかくしたバターまたはマーガリン 100g/1/2カップ

ソフトブラウンシュガー 100g/1/2カップ

上白糖 100g/4オンス/1/2カップ

卵1個

バニラエッセンス（エキス） 2.5ml/小さじ1/2

薄力粉 100 g/4 オンス/1 カップ

2.5ml/小さじ½重炭酸ソーダ（重曹）

塩ひとつまみ

シナモンパウダー 小さじ1/5ml

すりおろしたナツメグ ひとつまみ

ロールドオーツ 100g/4オンス/1カップ

刻んだミックスナッツ 50g/2オンス/½カップ

チョコレートチップ 50g/2オンス/½カップ

バターまたはマーガリンと砂糖をクリーム状にし、ふわっとするまで混ぜます。卵とバニラエッセンスを少しずつ加えます。小麦粉、重炭酸ソーダ、塩、香辛料を混ぜ合わせ、混合物に加えます。オート麦、ナッツ、チョコレート チップをかき混ぜます。丸みを帯びたティースプーン一杯分を油を塗ったベーキング (クッキー) シートに落とし、ビスケット (クッキー) を予熱したオーブンで 180℃/350°F/ガスマーク 4 で 10 分間、軽く焦げ目がつくまで焼きます。

全粒オート麦ビスケット

24になります

バターまたはマーガリン 100g/1/2カップ

200g/7オンス/1¾カップのオートミール

全粒粉（全粒粉）75g/3オンス/¾カップ

薄力粉 50g/2オンス/1/2カップ

ベーキングパウダー 小さじ1/5ml

デメララシュガー 50g/2オンス/¼カップ

卵1個、軽く溶きます

牛乳 30ml/大さじ2

オートミール、小麦粉、ベーキング パウダーにバターまたはマーガリンをすり込み、混合物がパン粉のようになるまで混ぜます。砂糖を加えて混ぜ、卵と牛乳を加えて固い生地にします。軽く打ち粉をした台で生地を厚さ約1cm/½に伸ばし、5cm/2インチのカッターで丸く切ります。ビスケット (クッキー) を油を塗ったベーキング (クッキー) シートに置き、190℃/375°F/ガスマーク 5 に予熱したオーブンで約 15 分間、きつね色になるまで焼きます。

オレンジビスケット

24になります

柔らかくしたバターまたはマーガリン 100g/1/2カップ

上白糖 50g/2オンス/¼カップ

オレンジの皮のすりおろし 1個

セルフライジング（セルフライジング）小麦粉 150g/5オンス/1¼カップ

バターまたはマーガリンと砂糖をクリーム状にし、ふわっとするまで混ぜます。オレンジの皮で作業してから、小麦粉を混ぜて固い混合物を作ります. クルミ大のボール状に成形し、油を塗った天板に並べ、フォークで軽く押さえて平らにする。ビスケット (クッキー) を予熱したオーブンで 180℃/350℉/ガスマーク 4 で 15 分間、きつね色になるまで焼きます。

オレンジとレモンのビスケット

30になります

柔らかくしたバターまたはマーガリン 50g/2オンス/¼カップ

キャスターシュガー 75g/3オンス/1/3カップ

卵黄 1個

オレンジの皮のすりおろし 1/2個

レモン汁 15ml/大さじ1

薄力粉 150g/5オンス/1¼カップ

ベーキングパウダー 2.5ml/小さじ1/2

塩ひとつまみ

バターまたはマーガリンと砂糖をクリーム状にし、ふわっとするまで混ぜます。卵黄、オレンジの皮、レモン汁を少しずつ混ぜ、薄力粉、ベーキングパウダー、塩を加えて生地を作る。ラップとラップ（ラップ）で包み、30分間冷やします。

打ち粉をした台で厚さ約5mmに伸ばし、ビスケット（クッキー）型で型抜きする。油を塗ったベーキングシート（クッキー）にビスケットを置き、予熱したオーブンで190℃/375°F/ガスマーク5で10分間焼きます。

オレンジとクルミのビスケット

16にします

バターまたはマーガリン 100g/1/2カップ

キャスターシュガー 75g/3オンス/1/3カップ

オレンジの皮のすりおろし 1/2個

セルフライジング（セルフライジング）小麦粉 150g/5オンス/1¼カップ

くるみ 50g/2オンス/1/2カップ

バターまたはマーガリンに50g/2オンス/¼カップの砂糖とオレンジの皮を加えて、滑らかでクリーミーになるまで混ぜます。小麦粉とナッツを加え、混合物がまとまり始めるまでもう一度叩きます。ボールに成形し、油を塗ったベーキング (クッキー) シートの上で平らにします。ビスケット (クッキー) を190℃/375°F/ガスマーク 5 に予熱したオーブンで 10 分間、端に焼き色がつくまで焼きます。取っておいた砂糖をふりかけ、少し冷ましてからワイヤーラックに移して冷まします。

オレンジとチョコチップのビスケット

30になります

柔らかくしたバターまたはマーガリン 50g/2オンス/¼カップ

75 g/3 オンス/1/3 カップのラード (ショートニング)

ソフトブラウンシュガー 175g/6オンス/3/4カップ

全粒粉（全粒粉） 100g/7オンス/1¾カップ

挽いたアーモンド 75 g/3 オンス/¾ カップ

ベーキングパウダー 10ml/小さじ2

75 g/3 オンス/¾ カップのチョコレート ドロップ

オレンジの皮のすりおろし 2個

オレンジジュース 15ml/大さじ1

卵1個

ふりかけ用上白糖

バターまたはマーガリン、ラード、ブラウンシュガーをクリーム状にし、ふんわりするまで混ぜます。上白糖以外の材料を加えて混ぜ合わせ、生地を作る。打ち粉をした台で厚さ5mmに伸ばし、ビスケット（クッキー）カッターでビスケット状に切る。油を塗ったベーキング (クッキー) シートに並べ、180℃/350℉/ガスマーク 4 に予熱したオーブンで 20 分間、黄金色になるまで焼きます。

スパイスオレンジビスケット

10にします

プレーン（万能）小麦粉 225 g/8 オンス/2 カップ

2.5ml/小さじ1/2 シナモンパウダー

ミックス（アップルパイ）スパイス ひとつまみ

キャスターシュガー 75g/3オンス/1/3カップ

柔らかくしたバターまたはマーガリン 150g/2/3カップ

卵黄 2個

オレンジの皮のすりおろし 1個

75 g/3 オンス/¾ カップのプレーン (セミスイート) チョコレート

小麦粉とスパイスを混ぜ合わせ、砂糖を加えて混ぜます。バターまたはマーガリン、卵黄、オレンジの皮を混ぜて滑らかな生地にします。ラップで包み、1時間冷やします。

大きな星型ノズル (チップ) を取り付けた絞り袋に生地をスプーンで入れ、油を塗ったベーキング (クッキー) シートの上に長さを絞ります。予熱したオーブンで 190℃/375°F/ガスマーク 5 で 10 分間、きつね色になるまで焼きます。冷ます。

耐熱ボウルにチョコレートを入れ、湯を沸かしながら溶かす。ビスケットの端を溶かしたチョコレートに浸し、ベーキングシートの上に置いて固まるまで置きます。

ピーナッツバタービスケット

18にします

柔らかくしたバターまたはマーガリン 100g/1/2カップ

上白糖 100g/4オンス/1/2カップ

カリカリまたは滑らかなピーナッツバター 100g/4オンス/½カップ

ゴールデン（ライトコーン）シロップ 60ml/大さじ4

牛乳 15ml/大さじ1

薄力粉 175g/6オンス/1½カップ

2.5ml/小さじ½重炭酸ソーダ（重曹）

バターまたはマーガリンと砂糖をクリーム状にし、ふわっとするまで混ぜます。ピーナッツバター、シロップ、牛乳を混ぜます。薄力粉と炭酸水素塩を混ぜ合わせ、なめらかになるまでこねる。丸太に成形し、固まるまで冷やします。

厚さ 5 mm/¼ のスライスに切り、軽く油を塗ったベーキング (クッキー) シートに並べます。ビスケット (クッキー) を予熱したオーブンで 180°C/350°F/ガスマーク 4 で 12 分間、黄金色になるまで焼きます。

ピーナッツバターとチョコレートの渦巻き

24になります

柔らかくしたバターまたはマーガリン 50g/2オンス/¼カップ

ソフトブラウンシュガー 50g/1/4カップ

上白糖 50g/2オンス/¼カップ

滑らかなピーナッツバター 50g/2オンス/¼カップ

卵黄 1個

薄力粉 75g/3オンス/3/4カップ

2.5ml/小さじ½重炭酸ソーダ（重曹）

プレーン（セミスイート）チョコレート 50g/2オンス/½カップ

バターまたはマーガリンと砂糖をクリーム状にし、ふわっとするまで混ぜます。ピーナッツバター、次に卵黄を徐々に混ぜます。薄力粉と炭酸水素塩を混ぜ合わせて混ぜ、しっかりとした生地にします。その間に、耐熱ボウルにチョコレートを入れ、湯を沸かしながら溶かす。生地を30 x 46 cm / 12 x 18インチに伸ばし、溶かしたチョコレートを端まで広げます。長い方から丸めてラップで包み、冷やし固める。

ロールを 5 mm/¼ にスライスし、油を塗っていないベーキング(クッキー) シートに並べます。予熱したオーブンで180℃/350°F/ガスマーク 4 で 10 分間、黄金色になるまで焼きます。

オーティーピーナッツバタービスケット

24になります

柔らかくしたバターまたはマーガリン 75 g/1/3 カップ

ピーナッツバター 75g/3オンス/1/3カップ

ソフトブラウンシュガー 150g/5オンス/2/3カップ

卵1個

薄力粉 50g/2オンス/1/2カップ

ベーキングパウダー 2.5ml/小さじ1/2

塩ひとつまみ

バニラエッセンス（エキス）数滴

ロールドオーツ 75g/3オンス/¾カップ

チョコレートチップ 40g/1½オンス/1/3カップ

バターまたはマーガリン、ピーナッツバター、砂糖をクリーム状にして、ふんわりするまで混ぜます。卵を少しずつ入れます。薄力粉、ベーキングパウダー、塩を入れます。バニラエッセンス、オート麦、チョコレートチップスを入れてかき混ぜます。油を塗った天板（クッキー）にスプーン一杯を落とし、ビスケット（クッキー）を予熱したオーブンで180℃/350°F/ガスマーク4で15分間焼きます。

ハニーとココナッツのピーナッツバタービスケット

24になります

オイル 120ml/4液量オンス/1/2カップ

透明なはちみつ 175g/6オンス/½カップ

175 g/6 オンス/3/4 カップのカリカリピーナッツバター

溶き卵1個

ロールドオーツ 100g/4オンス/1カップ

全粒粉（全粒粉） 225 g/8 オンス/2 カップ

50g/2オンス/1/2カップの乾燥した（細かく刻んだ）ココナッツ

油、はちみつ、ピーナッツバター、卵を混ぜ合わせ、残りの材料を混ぜます。油を塗ったベーキング（クッキー）シートにスプーン一杯を落とし、わずかに約6 mm / 1/4の厚さに平らにします. ビスケット (クッキー) を予熱したオーブンで180°C/350°F/ガスマーク 4 で 12 分間、黄金色になるまで焼きます。

ピーカンナッツビスケット

24になります

柔らかくしたバターまたはマーガリン 100g/1/2カップ

ソフトブラウンシュガー 45ml/大さじ3

薄力粉 100 g/4 オンス/1 カップ

塩ひとつまみ

バニラエッセンス（エキス） 5ml/小さじ1

細かく刻んだピーカンナッツ 100g/1カップ

アイシング（製菓用）砂糖、ふるいにかけ、まぶし用

バターまたはマーガリンと砂糖をクリーム状にし、ふわっとするまで混ぜます。粉砂糖以外の残りの材料を少しずつ加えて混ぜます。3 cm のボールに成形し、油を塗ったベーキング (クッキー) シートに並べます。ビスケット (クッキー) を 160°C/325°F/ガスマーク 3 に予熱したオーブンで 15 分間、黄金色になるまで焼きます。粉砂糖をまぶしてお召し上がりください。

風車ビスケット

24になります

薄力粉 175g/6オンス/1½カップ

ベーキングパウダー 小さじ1/5ml

塩ひとつまみ

バターまたはマーガリン 75g/1/3カップ

キャスターシュガー 75g/3オンス/1/3カップ

バニラエッセンス（エキス）数滴

水 20ml/小さじ4

ココア（無糖チョコレート）パウダー 10ml/小さじ2

小麦粉、ベーキングパウダー、塩を混ぜ合わせ、バターまたはマーガリンをパン粉のようになるまですり込みます。砂糖をかき混ぜます。バニラエッセンスと水を加えて混ぜ、なめらかな生地にする。ボール状にしてから、半分に切る。生地の半分にココアを入れます。生地をそれぞれ25 x 18 cm / 10 x 7インチの長方形に伸ばし、重ねます。くっつくように優しく転がします。生地を長辺から丸め、軽く押さえます。ラップで包み、30分ほど冷やします。

厚さ 2.5 cm のスライスに切り、油を塗ったベーキング (クッキー) シートの上に並べます。ビスケット (クッキー) を予熱したオーブンで 180℃/350°F/ガスマーク 4 で 15 分間、黄金色になるまで焼きます。

クイックバターミルクビスケット

12になる

バターまたはマーガリン 75g/1/3カップ

プレーン（万能）小麦粉 225 g/8 オンス/2 カップ

ベーキングパウダー 15ml/大さじ1

2.5ml/小さじ1/2の塩

バターミルク 175ml/6液量オンス/3/4カップ

アイシング（菓子用）砂糖、ふるいにかけ、まぶし用（オプション）

小麦粉、ベーキングパウダー、塩にバターまたはマーガリンを
すり込み、パン粉のように混ぜます。バターミルクを徐々に加
えて、柔らかい生地を作ります。軽く打ち粉をした表面で混合
物を厚さ約 2 cm/3/4 に伸ばし、ビスケット (クッキー) カッタ
ーで円形に切ります。油を塗ったベーキングシート（クッキー
）の上にビスケットを置き、予熱したオーブンで 230℃/450°F/
ガスマーク 8 で 10 分間、きつね色になるまで焼きます。お好
みで粉砂糖をふる。

レーズンビスケット

24になります

柔らかくしたバターまたはマーガリン 100g/1/2カップ

上白糖 50g/2オンス/¼カップ

レモンの皮のすりおろし 1個分

レーズン 50g/2オンス/1/3カップ

セルフライジング（セルフライジング）小麦粉 150g/5オンス/1¼カップ

バターまたはマーガリンと砂糖をクリーム状にし、ふわっとするまで混ぜます。レモンの皮で作業し、レーズンと小麦粉を混ぜて固い混合物を作ります.クルミ大のボール状に成形し、油を塗った天板に並べ、フォークで軽く押さえて平らにする。ビスケット(クッキー)を予熱したオーブンで 180℃/350°F/ガスマーク 4 で 15 分間、きつね色になるまで焼きます。

ソフトレーズンビスケット

36になります

レーズン 100g/4オンス/2/3カップ

熱湯 90ml/大さじ6

柔らかくしたバターまたはマーガリン 50g/2オンス/¼カップ

175 g/6 オンス/3/4 カップの砂糖

卵1個、軽く溶きます

バニラエッセンス（エキス） 2.5ml/小さじ1/2

薄力粉 175g/6オンス/1½カップ

ベーキングパウダー 2.5ml/小さじ1/2

1.5ml/小さじ1/4重炭酸ソーダ（重曹）

2.5ml/小さじ1/2の塩

2.5ml/小さじ1/2 シナモンパウダー

すりおろしたナツメグ ひとつまみ

刻んだミックスナッツ 50g/2オンス/½カップ

レーズンと熱湯を鍋に入れ、沸騰したら蓋をして3分煮る。冷ます。バターまたはマーガリンと砂糖をクリーム状にし、ふわっとするまで混ぜます。卵とバニラエッセンスを少しずつ加えます。小麦粉、ベーキングパウダー、炭酸水素塩、塩、香辛料をレーズンと浸漬液と交互に入れます。ナッツを混ぜて、柔らかい生地に混ぜます。ラップで包み、1時間以上冷やします。スプーン一杯の生地を油を塗ったベーキング (クッキー) シートに落とし、ビスケット (クッキー) を予熱したオーブンで180℃/350°F/ガス マーク 4 で 10 分間、黄金色になるまで焼きます。

レーズンと糖蜜のスライス

24になります

柔らかくしたバターまたはマーガリン 25g/大さじ2

上白糖 100g/4オンス/1/2カップ

卵黄 1個

黒糖蜜（糖蜜） 30ml/大さじ2

スグリ 75g/1/2カップ

薄力粉 150g/5オンス/1¼カップ

重炭酸ソーダ（重曹） 5ml/小さじ1

シナモンパウダー 小さじ1/5ml

塩ひとつまみ

冷たいブラックコーヒー 30ml/大さじ2

バターまたはマーガリンと砂糖をクリーム状にし、ふわっとするまで混ぜます。卵黄と糖蜜を徐々に加えてから、スグリをかき混ぜます。小麦粉、重炭酸ソーダ、シナモン、塩を混ぜ合わせ、コーヒーと一緒にかき混ぜます。混合物を覆い、冷やします。

30cm四方に伸ばし、丸太に丸める。油を塗ったベーキング (クッキー) シートの上に置き、予熱したオーブンで180℃/350℉/ガス マーク 4 で 15 分間、手触りが固くなるまで焼きます。スライスして、ワイヤーラックで冷まします。

ラタフィアビスケット

16にします

グラニュー糖 100g

50 g/2 オンス/¼ カップのグラウンド アーモンド

15ml/大さじ1杯

卵白 1個

25 g/1 オンス/¼ カップ フレーク (スライス) アーモンド

砂糖、アーモンドパウダー、米粉を混ぜ合わせます。卵白を加えて2分間泡立て続けます。クルミ大のビスケット (クッキー)を、5 mm/¼ インチのプレーン ノズル (先端) を使用して、ライス ペーパーを敷いたベーキング (クッキー) シートに絞ります。各ビスケットの上にフレーク アーモンドを置きます。予熱したオーブンで 190℃/375°F/ガスマーク 5 で 15 分間、黄金色になるまで焼きます。

ライスとミューズリーのクッキー

24になります

炊いた玄米 75g/1/4カップ

ミューズリー 50g/2オンス/½カップ

全粒粉（全粒粉） 75g/3オンス/¾カップ

2.5ml/小さじ1/2の塩

2.5ml/小さじ½重炭酸ソーダ（重曹）

ミックス（アップルパイ）スパイス 5ml/小さじ1

クリアハニー 30ml/大さじ2

柔らかくしたバターまたはマーガリン 75 g/1/3 カップ

米、ミューズリー、小麦粉、塩、重炭酸ソーダ、ミックス スパイスを混ぜ合わせます。はちみつとバターまたはマーガリンをクリーム状にして柔らかくします。米の混合物に打ち込みます。混合物をクルミ大のボールに成形し、油を塗ったベーキング(クッキー) シートの上によく離します。少し平らにし、予熱したオーブンで 190℃/375°F/ガスマーク 5 で 15 分間、またはきつね色になるまで焼きます。10分間冷ましてからワイヤーラックに移して冷ます。気密容器に保管してください。

ロマニークリーム

10にします

25 g/1 オンス/大さじ 2 ラード (ショートニング)

柔らかくしたバターまたはマーガリン 25g/大さじ2

ソフトブラウンシュガー 50g/1/4カップ

ゴールデン（ライトコーン）シロップ 2.5ml/小さじ1/2

薄力粉 50g/2オンス/1/2カップ

塩ひとつまみ

ロールドオーツ 25g/1オンス/¼カップ

2.5 ml/小さじ 1/2 ミックス ミックス (アップルパイ) スパイス

2.5ml/小さじ½重炭酸ソーダ（重曹）

沸騰したお湯 10ml/小さじ2

バターアイシング

ラード、バターまたはマーガリン、砂糖をクリーム状にし、軽くふんわりするまで混ぜます。シロップを加えて混ぜ、小麦粉、塩、オーツ麦、ミックススパイスを加え、よく混ざるまでかき混ぜます。炭酸水素塩を水に溶かして混ぜ、固い生地を作ります。20 個の同じ大きさの小さなボールに形を整え、油を塗ったベーキング (クッキー) シートに並べます。手のひらで少し平らにします。予熱したオーブンで 160℃/325℉/ガスマーク 3 で 15 分間焼きます。天板の上で冷まします。冷めたら、2 枚のビスケットをバターのアイシング (フロスティング) と一緒にサンドします。

サンドビスケット

48になります

柔らかくしたバターまたはハードマーガリン 100g/1/2カップ

ソフトブラウンシュガー 225g/1カップ

卵1個、軽く溶きます

プレーン（万能）小麦粉 225 g/8 オンス/2 カップ

釉薬に卵白

砕いたピーナッツ 30ml/大さじ2

バターまたはマーガリンと砂糖をクリーム状にし、ふわっとするまで混ぜます。卵を割り入れてから小麦粉を混ぜます。打ち粉をした台の上で薄くのばし、ビスケット（クッキー）型で型抜きします。油を塗ったベーキング (クッキー) シートにビスケットを置き、上部に卵白を塗り、ピーナッツをふりかけます。予熱したオーブンで 180℃/350℉/ガスマーク 4 で 10 分間、黄金色になるまで焼きます。

サワークリームクッキー

24になります

柔らかくしたバターまたはマーガリン 50g/2オンス/¼カップ

175 g/6 オンス/3/4 カップの砂糖

卵1個

サワー（乳製品のサワー）クリーム 60ml/大さじ4

2. バニラエッセンス（エキス）5ml/小さじ1/2

薄力粉 150g/5オンス/1¼カップ

ベーキングパウダー 2.5ml/小さじ1/2

レーズン 75g/3オンス/½カップ

バターまたはマーガリンと砂糖をクリーム状にし、ふわっとするまで混ぜます。卵、生クリーム、バニラエッセンスを少しずつ入れて混ぜます。小麦粉、ベーキングパウダー、レーズンを混ぜ合わせ、よく混ざるまでかき混ぜます。小さじ1杯の混合物を軽く油を塗ったベーキング（クッキー）シートに落とし、予熱したオーブンで180℃ / 350°F / ガスマーク4で約10分間、黄金色になるまで焼きます.

ブラウンシュガービスケット

24になります

柔らかくしたバターまたはマーガリン 100g/1/2カップ

ソフトブラウンシュガー 100g/1/2カップ

卵1個、軽く溶きます

バニラエッセンス（エキス） 2.5ml/小さじ1

薄力粉 150g/5オンス/1¼カップ

2.5ml/小さじ½重炭酸ソーダ（重曹）

塩ひとつまみ

サルタナ（ゴールデンレーズン）75g/3オンス/½カップ

バターまたはマーガリンと砂糖をクリーム状にし、ふわっとするまで混ぜます。卵とバニラエッセンスを少しずつ加えます。残りの材料を滑らかになるまで混ぜます。丸みを帯びた小さじ一杯を、軽く油を塗ったベーキング (クッキー) シートによく分けて落とします。ビスケット (クッキー) を予熱したオーブンで180°C/350°F/ガスマーク 4 で 12 分間、きつね色になるまで焼きます。

砂糖とナツメグのビスケット

24になります

柔らかくしたバターまたはマーガリン 50g/2オンス/¼カップ

上白糖 100g/4オンス/1/2カップ

卵黄 1個

バニラエッセンス（エキス） 2.5ml/小さじ1/2

薄力粉 150g/5オンス/1¼カップ

ベーキングパウダー 小さじ1/5ml

すりおろしたナツメグ ひとつまみ

サワー（乳製品のサワー）クリーム 60ml/大さじ4

バターまたはマーガリンと砂糖をクリーム状にし、ふわっとするまで混ぜます。卵黄とバニラエッセンスを加えて混ぜ、小麦粉、ベーキングパウダー、ナツメグを加えて混ぜます。滑らかになるまでクリームを混ぜます。蓋をして30分冷やします。

生地を5mmの厚さに伸ばし、ビスケット（クッキー）型で5cmの輪切りにする。ビスケットを油を塗っていないベーキング(クッキー)シートに置き、予熱したオーブンで200℃/400°F/ガスマーク 6 で 10 分間、黄金色になるまで焼きます。

ショートブレッド

8にします

薄力粉 150g/5オンス/1¼カップ

塩ひとつまみ

米粉または挽いた米 25g/1オンス/¼カップ

上白糖 50g/2オンス/¼カップ

冷やしてすりおろしたバターまたはハードマーガリン 100g/4オンス/¼カップ

小麦粉、塩、米粉または米粉を混ぜ合わせます。砂糖、バターまたはマーガリンを入れて混ぜます。パン粉のようになるまで、指先で混ぜ合わせます。18 cm/7 インチのサンドイッチ型 (パン) に押し込み、上部を水平にします。フォークで全体を刺し、8等分のくさび形に印を付け、根元まで切ります。1時間冷やす。

予熱したオーブンで 150℃/300℉/ガスマーク 2 で 1 時間、淡い麦わら色になるまで焼きます。出来上がる前に缶の中で冷まします。

クリスマスショートブレッド

12になる

バターまたはマーガリン 175g/6オンス/3/4カップ

薄力粉 250g/9オンス/2¼カップ

キャスターシュガー 75g/3オンス/1/3カップ

トッピング：

刻んだアーモンド 15ml/大さじ1

刻んだくるみ 15ml/大さじ1

レーズン 30ml/大さじ2

みじん切りにしたグラッセ（砂糖漬け）チェリー 30ml/大さじ2

レモンの皮のすりおろし 1個分

ふりかけ用砂糖 15ml/大さじ1

混合物がパン粉のようになるまで、バターまたはマーガリンを小麦粉にすり込みます。砂糖をかき混ぜます。混合物を一緒にペースト状にし、滑らかになるまでこねます。グリースを塗ったスイスロール缶（ゼリーロールパン）に押し込み、表面を平らにします。トッピングの材料を混ぜ合わせ、ペースト状にします。12本の指で印を付け、予熱したオーブンで180℃/350°F/ガス マーク 4 で 30 分間焼きます。グラニュー糖をふり、指で切って型に入れたまま冷ます。

ハニーショートブレッド

12になる

柔らかくしたバターまたはマーガリン 100g/1/2カップ

セットハニー 75g/3オンス/¼カップ

全粒粉（全粒粉）200 g/1 3/4 カップ

玄米粉 25g/1オンス/¼カップ

レモンの皮のすりおろし 1個分

バターまたはマーガリンとハチミツをクリーム状にして柔らかくします。小麦粉とレモンの皮を混ぜて、柔らかい生地にします。油を塗って打ち粉をした 18 cm/7 インチのケーキ型 (型) またはショートブレッド型に押し込み、フォークで全体に穴を開けます。12個のくさびに印を付け、端を圧着します。1時間冷やす。

予熱したオーブンで 150℃/300°F/ガスマーク 2 で 40 分間、黄金色になるまで焼きます。印をつけて切り分け、型に入れたまま冷ます。

レモンショートブレッド

12になる

薄力粉 100 g/4 オンス/1 カップ

コーンフラワー（コーンスターチ） 50g/2オンス/½カップ

柔らかくしたバターまたはマーガリン 100g/1/2カップ

上白糖 50g/2オンス/¼カップ

レモンの皮のすりおろし 1個分

ふりかけ用上白糖

小麦粉とコーンフラワーを合わせてふるっておく。バターまたはマーガリンを柔らかくなるまでクリーム状にし、上白糖を加えて白っぽくふわっとするまで泡立てる。レモンの皮を入れてかき混ぜ、よく混ざるまで小麦粉の混合物を入れます。ショートブレッドを20cm/8インチの円に伸ばし、油を塗ったベーキング（クッキー）シートの上に置きます. フォークで全体を刺し、縁をフルート状にする。12等分のくし形に切り、上白糖をまぶす。冷蔵庫で15分冷やす。予熱したオーブンで 160℃/325°F/ガスマーク 3 で 35 分間、薄いきつね色になるまで焼きます。天板の上で5分間冷ましてから、ワイヤーラックに出して冷まします.

ひき肉のショートブレッド

8にします

柔らかくしたバターまたはマーガリン 175 g/6 オンス/3/4 カップ

上白糖 50g/2オンス/¼カップ

プレーン（万能）小麦粉 225 g/8 オンス/2 カップ

ひき肉 60ml/大さじ4

バターまたはマーガリンと砂糖を柔らかくなるまでクリーム状にします。小麦粉、次にひき肉で作業します。23 cm のサンドイッチ型に押し込み、上部を平らにします。フォークで全体を刺し、根元まで8等分のくし形に切り込みを入れる。1時間冷やす。

予熱したオーブンで 160℃/325°F/ガスマーク 3 で 1 時間、淡い麦わら色になるまで焼きます。出来上がる前に缶の中で冷まします。

ナッツショートブレッド

12になる

柔らかくしたバターまたはマーガリン 100g/1/2カップ

上白糖 50g/2オンス/¼カップ

薄力粉 100 g/4 オンス/1 カップ

50 g/2 オンス/½ カップの挽いた米

細かく刻んだアーモンド 50g/2オンス/1/2カップ

バターまたはマーガリンと砂糖を白っぽくふんわりするまでよく混ぜます。小麦粉と米粉を混ぜます。ナッツを混ぜて、しっかりとした生地に混ぜます。滑らかになるまで軽くこねます。グリースを塗ったスイスロール缶（ゼリーロールパン）の底に押し込み、表面を平らにします.フォークで全体に刺します。予熱したオーブンで 160℃/325℉/ガスマーク 3 で 45 分間、薄いきつね色になるまで焼きます。型に入れたまま10分冷ましてから、指で切る。出来上がる前に、缶に入れたままにして冷却を完了します。

オレンジショートブレッド

12になる

薄力粉 100 g/4 オンス/1 カップ

コーンフラワー（コーンスターチ） 50g/2オンス/½カップ

柔らかくしたバターまたはマーガリン 100g/1/2カップ

上白糖 50g/2オンス/¼カップ

オレンジの皮のすりおろし 1個

ふりかけ用上白糖

小麦粉とコーンフラワーを合わせてふるっておく。バターまたはマーガリンを柔らかくなるまでクリーム状にし、上白糖を加えて白っぽくふわっとするまで泡立てる。オレンジの皮をかき混ぜてから、小麦粉の混合物をよく混ぜ合わせます。ショートブレッドを20cm/8インチの円に伸ばし、油を塗ったベーキング（クッキー）シートの上に置きます.フォークで全体を刺し、縁をフルート状にする。12等分のくし形に切り、上白糖をまぶす。冷蔵庫で15分冷やす。予熱したオーブンで160℃/325°F/ガスマーク 3 で 35 分間、薄いきつね色になるまで焼きます。天板の上で5分間冷ましてから、ワイヤーラックに出して冷まします.

金持ちのショートブレッド

36になります

ベースの場合:
225 g/8 oz/1 カップのバターまたはマーガリン

プレーン（万能）小麦粉 275 g/10 オンス/2½ カップ

上白糖 100g/4オンス/1/2カップ

充填用:
225 g/8 oz/1 カップのバターまたはマーガリン

ソフトブラウンシュガー 225g/1カップ

ゴールデン（ライトコーン）シロップ 60ml/大さじ4

コンデンスミルクの缶詰 400g

バニラエッセンス（エキス）数滴

トッピング：
225 g/8 oz/2 カップ プレーン(セミスイート) チョコレート

ベースを作るには、バターまたはマーガリンを小麦粉にすり込み、砂糖を加えて混ぜ合わせ、固い生地になるまでこねます。ホイルで裏打ちされたグリースを塗ったスイスロール缶（ゼリーロールパン）の底に押し込みます. 予熱したオーブンで 180℃/350°F/ガスマーク 4 で 35 分間、黄金色になるまで焼きます。缶のまま冷ます。

フィリングを作るには、バターまたはマーガリン、砂糖、シロップ、コンデンスミルクを鍋に入れ、弱火で絶えずかき混ぜながら溶かします。沸騰したら、絶えずかき混ぜながら、7分間静かに煮ます。火からおろし、バニラエッセンスを加えてよく混ぜます。ベースの上に注ぎ、冷まして固めます。

耐熱ボウルにチョコレートを入れ、湯を沸かしながら溶かす。カラメル層の上に広げ、フォークで模様を付ける。冷まして固まったら、四角に切る。

全粒オート麦のショートブレッド

10にします

バターまたはマーガリン 100g/1/2カップ

全粒粉（全粒粉） 150g/5オンス/1¼カップ

オーツ麦粉 25g/1オンス/¼カップ

ソフトブラウンシュガー 50g/1/4カップ

混合物がパン粉のようになるまで、バターまたはマーガリンを
小麦粉にすり込みます。砂糖を加えて軽く混ぜ、柔らかくもろ
い生地にします。軽く打ち粉をした台の上で厚さ約1cm/½にな
るまで伸ばし、ビスケット（クッキー）カッターで5cm/2イン
チの輪切りにする。油を塗ったベーキング（クッキー）シート
に慎重に移し、150℃ / 300°F /ガスマーク3で予熱したオーブン
で約40分間、黄金色で固くなるまで焼きます.

アーモンド・ワールズ

16にします

柔らかくしたバターまたはマーガリン 175 g/6 オンス/3/4 カップ

アイシング（製菓用）砂糖 50g/2オンス/1/3カップ、ふるいにかける

アーモンドエッセンス（エキス） 2.5ml/小さじ½

薄力粉 175g/6オンス/1½カップ

グラッセ（砂糖漬け）チェリー 8 個（半分または 4 等分）

アイシング（製菓用）砂糖、ふるいにかけ、まぶし用

バターまたはマーガリンと砂糖をクリーム状にする。アーモンドエッセンスと小麦粉を入れます。大きな星形の口金（先端）をつけた絞り袋に移す。油を塗ったベーキング（クッキー）シートに16個の平らな渦を巻きます.それぞれにチェリーをのせます。予熱したオーブンで 160℃/325°F/ガスマーク 3 で 20 分間、淡い黄金色になるまで焼きます。トレイの上で5分間冷ましてから、ワイヤーラックに移し、粉砂糖をまぶします.

チョコレートメレンゲショートブレッド

24になります

柔らかくしたバターまたはマーガリン 100g/1/2カップ

バニラエッセンス（エキス）　5ml/小さじ1

卵白 4個

薄力粉 200 g/7 オンス/1 3/4 カップ

上白糖 50g/2オンス/¼カップ

ココア（無糖チョコレート）パウダー 45ml/大さじ3

アイシング（製菓用）砂糖 100g（2/3カップ）ふるいにかける

バターまたはマーガリン、バニラエッセンス、卵白2個を混ぜ合わせます。小麦粉、砂糖、ココアを混ぜ合わせ、徐々にバターの中に入れます。グリースを塗った 30 cm/12 インチの正方形のブリキ (フライパン) に押し込みます。残りの卵白を粉砂糖と一緒に泡立て、上に広げます。予熱したオーブンで 190℃/375°F/ガスマーク 5 で 20 分間、きつね色になるまで焼きます。バーにカットします。

ビスケットピープル

約12個作ります

柔らかくしたバターまたはマーガリン 100g/1/2カップ

上白糖 100g/4オンス/1/2カップ

溶き卵1個

プレーン（万能）小麦粉 225 g/8 オンス/2 カップ

スグリとグラッセ（砂糖漬け）チェリー数個

バターまたはマーガリンと砂糖をクリーム状にする。卵を少しずつ加えてしっかりと泡立てる。金属製のスプーンを使用して小麦粉を入れます。軽く打ち粉をした表面で、混合物を厚さ約5 mm/¼ に伸ばします。ビスケット（クッキー）カッターまたはナイフで人を切り取り、すべての生地を使用するまでトリミングを再ロールします。油を塗った天板（クッキー）の上に置き、目とボタンのカラントを押し込みます。口のためにチェリーのスライスをカットします。ビスケット (クッキー) を190℃/375°F/ガスマーク 5 に予熱したオーブンで 10 分間、薄茶色になるまで焼きます。ワイヤーラックで冷まします。

アイスジンジャーショートケーキ

20cmのケーキが2つ作れます

ショートケーキの場合:

柔らかくしたバターまたはマーガリン 225 g/1 カップ

上白糖 100g/4オンス/1/2カップ

プレーン（万能）小麦粉 275 g/10 オンス/2½ カップ

ベーキングパウダー 10ml/小さじ2

すりおろした生姜 10ml/小さじ2

アイシング（フロスティング）の場合：

バターまたはマーガリン 50g/2オンス/¼カップ

ゴールデン（ライトコーン）シロップ 15ml/大さじ1

アイシング（製菓用）砂糖 100g（2/3カップ）ふるいにかける

生姜 小さじ1/5ml

ショートケーキを作るには、バターまたはマーガリンと砂糖を
クリーム状にし、ふわふわになるまで混ぜます。残りのショー
トケーキの材料を混ぜて生地を作り、混合物を半分に分け、油
を塗った 20 cm/8 インチのサンドイッチ型 (フライパン) 2 つに
押し込みます。予熱したオーブンで 160°C/325°F/gasmark 3 で
40 分間焼きます。

アイシングを作るには、フライパンにバターまたはマーガリン
とシロップを溶かします。粉糖としょうがを加えてよく混ぜま
す。両方のショートケーキに注ぎ、冷めるまで放置してから、
くさび状に切ります。

シュルーズベリービスケット

24になります

柔らかくしたバターまたはマーガリン 100g/1/2カップ

上白糖 100g/4オンス/1/2カップ

卵黄 1個

プレーン（万能）小麦粉 225 g/8 オンス/2 カップ

ベーキングパウダー 小さじ1/5ml

すりおろしたレモンの皮 小さじ1/5ml

バターまたはマーガリンと砂糖をクリーム状にし、ふわっとするまで混ぜます。卵黄を少しずつ加えて混ぜ、小麦粉、ベーキングパウダー、レモンの皮を加えて混ぜ、全体がまとまるまで手で仕上げる。5mmの厚さに伸ばし、ビスケット（クッキー）カッターで6cmの輪切りにする。油を塗ったベーキング (クッキー) シートにビスケットをよく離して置き、フォークで穴を開けます。予熱したオーブンで 180℃/350°F/ガスマーク 4 で 15分間、薄い黄金色になるまで焼きます。

スペインのスパイスビスケット

16にします

オリーブオイル 90ml/大さじ6

グラニュー糖 100g

薄力粉 100 g/4 オンス/1 カップ

ベーキングパウダー 15ml/大さじ1

挽いたシナモン 小さじ2/10ml

卵3個

レモンの皮のすりおろし 1個分

アイシング（製菓用）砂糖 30ml/大さじ2

小鍋に油を熱します。砂糖、薄力粉、ベーキングパウダー、シナモンを混ぜ合わせます。別のボウルで、卵とレモンの皮を泡立つまで泡立てます。乾いた材料と油をかき混ぜて、滑らかなバッターを作ります。生地をよく油を塗ったスイスロール型(ゼリーロール型)に注ぎ、180℃/350°F/ガスマーク 4 に予熱したオーブンで 30 分間、黄金色になるまで焼きます。裏返し、冷ましてから三角形に切り、ビスケット（クッキー）に粉砂糖をまぶします。

昔ながらのスパイスビスケット

24になります

バターまたはマーガリン 75g/1/3カップ

上白糖 50g/2オンス/¼カップ

黒糖蜜（糖蜜） 45ml/大さじ3

薄力粉 175g/6オンス/3/4カップ

シナモンパウダー 小さじ1/5ml

5 ml/小さじ 1 の粉末ミックス (アップルパイ) スパイス

すりおろした生姜 2.5ml/小さじ1/2

2.5ml/小さじ½重炭酸ソーダ（重曹）

バターまたはマーガリン、砂糖、糖蜜を一緒に弱火で溶かします。小麦粉、香辛料、炭酸水素塩をボウルで混ぜます。糖蜜混合物に注ぎ、よく混ざるまで混ぜます。柔らかい生地にブレンドし、小さなボールに成形します。油を塗ったベーキング (クッキー) シートの上に、十分に離して配置し、フォークで平らに押します。ビスケット（クッキー）を予熱したオーブンで180℃/350°F/ガスマーク 4 で 12 分間、固く黄金色になるまで焼きます。

糖蜜ビスケット

24になります

柔らかくしたバターまたはマーガリン 75 g/1/3 カップ

ソフトブラウンシュガー 100g/1/2カップ

卵黄 1個

黒糖蜜（糖蜜） 30ml/大さじ2

薄力粉 100 g/4 オンス/1 カップ

重炭酸ソーダ（重曹） 5ml/小さじ1

塩ひとつまみ

シナモンパウダー 小さじ1/5ml

2.5ml/小さじ1/2クローブ

バターまたはマーガリンと砂糖を白っぽくふんわりするまでよく混ぜます。卵黄と糖蜜を少しずつ入れていきます。小麦粉、重炭酸ソーダ、塩、香辛料を混ぜ合わせ、混合物に混ぜます。カバーして冷やす。

混合物を 3 cm のボールに丸め、油を塗ったベーキング (クッキー) シートに並べます。ビスケット (クッキー) を予熱したオーブンで 180℃/350℉/ガスマーク 4 で 10 分間、固まるまで焼きます。

糖蜜、アプリコット、ナッツのクッキー

約24になります

バターまたはマーガリン 50g/2オンス/¼カップ

上白糖 50g/2オンス/¼カップ

ソフトブラウンシュガー 50g/1/4カップ

卵1個、軽く溶きます

2.5ml/小さじ½重炭酸ソーダ（重曹）

ぬるま湯 30ml/大さじ2

黒糖蜜（糖蜜） 45ml/大さじ3

すぐに食べられるドライアプリコット 25 g/1 オンス、みじん切り

刻んだミックスナッツ 25g/1オンス/¼カップ

薄力粉 100 g/4 オンス/1 カップ

塩ひとつまみ

クローブ ひとつまみ

バターまたはマーガリンと砂糖をクリーム状にし、ふわっとするまで混ぜます。卵を少しずつ入れます。重炭酸ソーダと水を混ぜ、残りの材料と混ぜ合わせます。スプーン一杯分を油を塗ったベーキング (クッキー) シートに落とし、予熱したオーブンで 180°C/350°F/ガスマーク 4 で 10 分間焼きます。

糖蜜とバターミルクのクッキー

24になります

柔らかくしたバターまたはマーガリン 50g/2オンス/¼カップ

ソフトブラウンシュガー 50g/1/4カップ

黒糖蜜（糖蜜） 150ml/¼pt/2/3カップ

バターミルク 150ml/¼pt/2/3カップ

薄力粉 175g/6オンス/1½カップ

2.5ml/小さじ½重炭酸ソーダ（重曹）

バターまたはマーガリンと砂糖を軽くふわふわになるまでクリーム状にし、糖蜜とバターミルクを小麦粉と重炭酸ソーダと交互に混ぜます。油を塗ったベーキング（クッキー）シートに大きなスプーン一杯を落とし、予熱したオーブンで190℃ / 375°F /ガスマーク5で10分間焼きます.

糖蜜とコーヒーのビスケット

24になります

ラード 60g（ショートニング） 1/3カップ

ソフトブラウンシュガー 50g/1/4カップ

75 g/3 オンス/¼ カップの黒糖蜜 (糖蜜)

バニラエッセンス（エキス） 2.5ml/小さじ1/2

薄力粉 200 g/7 オンス/1 3/4 カップ

重炭酸ソーダ（重曹） 5ml/小さじ1

塩ひとつまみ

すりおろした生姜 2.5ml/小さじ1/2

2.5ml/小さじ1/2 シナモンパウダー

冷たいブラックコーヒー 60ml/大さじ4

ラードと砂糖をクリーム状にし、ふわっとするまで混ぜます。糖蜜とバニラエッセンスを混ぜます。小麦粉、炭酸水素塩、塩、香辛料を混ぜ合わせ、コーヒーと交互に混ぜます。蓋をして数時間冷やす。

生地を5mmの厚さに伸ばし、ビスケット（クッキー）型で5cmの輪切りにする。ビスケットを油を塗っていないベーキング (クッキー) シートに置き、予熱したオーブンで 190℃/375°F/ガス マーク 5 で 10 分間、手触りが固くなるまで焼きます。

糖蜜と日付のクッキー

約24になります

柔らかくしたバターまたはマーガリン 50g/2オンス/¼カップ

上白糖 50g/2オンス/¼カップ

ソフトブラウンシュガー 50g/1/4カップ

卵1個、軽く溶きます

2.5ml/小さじ½重炭酸ソーダ（重曹）

ぬるま湯 30ml/大さじ2

黒糖蜜（糖蜜） 45ml/大さじ3

25 g/1 oz/¼ カップ

薄力粉 100 g/4 オンス/1 カップ

塩ひとつまみ

クローブ ひとつまみ

バターまたはマーガリンと砂糖をクリーム状にし、ふわっとするまで混ぜます。卵を少しずつ入れます。重炭酸ソーダと水を混ぜ、残りの材料と一緒にかき混ぜます。スプーン一杯分を油を塗ったベーキング (クッキー) シートに落とし、予熱したオーブンで 180℃/350°F/ガスマーク 4 で 10 分間焼きます。

糖蜜とジンジャーのクッキー

24になります

柔らかくしたバターまたはマーガリン 50g/2オンス/¼カップ

ソフトブラウンシュガー 50g/1/4カップ

黒糖蜜（糖蜜） 150ml/¼pt/2/3カップ

バターミルク 150ml/¼pt/2/3カップ

薄力粉 175g/6オンス/1½カップ

2.5ml/小さじ½重炭酸ソーダ（重曹）

すりおろした生姜 2.5ml/小さじ1/2

溶き卵1個

バターまたはマーガリンと砂糖を軽くふわふわになるまでクリーム状にし、糖蜜とバターミルクを小麦粉、重炭酸ソーダ、すりおろしたショウガと交互に混ぜます。油を塗ったベーキング（クッキー）シートに大きなスプーン一杯を落とし、溶き卵で上を磨きます。予熱したオーブンで190℃/375°F/ガスマーク5で10分間焼きます。

バニラビスケット

24になります

柔らかくしたバターまたはマーガリン 150g/2/3カップ

上白糖 100g/4オンス/1/2カップ

溶き卵1個

セルフライジング（セルフライジング）小麦粉 225 g/8 oz/2 カップ

塩ひとつまみ

バニラエッセンス（エキス）　10ml/小さじ2

飾り用のグラッセ（砂糖漬け）チェリー

バターまたはマーガリンと砂糖をクリーム状にし、ふわっとするまで混ぜます。卵を少しずつ加えて混ぜ、小麦粉、塩、バニラエッセンスを加えて混ぜ合わせます。滑らかになるまでこねます。ラップで包み、20分冷やします。

生地を薄くのばし、ビスケット（クッキー）型で丸く切ります。油を塗ったベーキング (クッキー) シートに並べ、それぞれの上にチェリーを置きます。ビスケットを予熱したオーブンで 180℃/350°F/ガスマーク 4 で 10 分間、きつね色になるまで焼きます。天板の上で10分間冷ましてから、ワイヤーラックに移して冷まします.

くるみビスケット

36になります

柔らかくしたバターまたはマーガリン 100g/1/2カップ

ソフトブラウンシュガー 100g/1/2カップ

上白糖 100g/4オンス/1/2カップ

軽く溶いた大きな卵 1個

薄力粉 200 g/7 オンス/1 3/4 カップ

ベーキングパウダー 小さじ1/5ml

2.5ml/小さじ½重炭酸ソーダ（重曹）

バターミルク 120ml/1/2カップ

クルミ 50g/2オンス/1/2カップ、みじん切り

バターまたはマーガリンと砂糖をクリーム状にします。卵を徐々に混ぜてから、小麦粉、ベーキングパウダー、炭酸水素塩をバターミルクと交互に入れます。クルミを折ります。油を塗った天板（クッキー）に小さじ1杯分を落とし、ビスケット（クッキー）を190℃/375°F/ガスマーク5に予熱したオーブンで10分間焼きます。

クリスプビスケット

24になります

25 g/1 オンスの生イーストまたは 40 ml/大さじ 2½ ドライイースト

温かい牛乳 450 ml/¾ pt/2 カップ

900 g/2 ポンド/8 カップのストロング プレーン (パン) 小麦粉

柔らかくしたバターまたはマーガリン 175 g/6 オンス/3/4 カップ

クリアハニー 30ml/大さじ2

溶き卵 2個

艶出し用溶き卵

イーストと温めた牛乳を少し混ぜて、温かい場所に20分置きます。小麦粉をボウルに入れ、バターまたはマーガリンをすり込みます。酵母の混合物、残りの温かい牛乳、蜂蜜、卵を混ぜ合わせ、柔らかい生地に混ぜます.軽く打ち粉をした表面で、滑らかで弾力が出るまでこねます。油を塗ったボウルに入れ、油を塗ったクリングフィルム（ラップ）で覆い、2倍の大きさになるまで暖かい場所に1時間置きます.

もう一度こねてから、長くて平らなロールに成形し、油を塗ったベーキング (クッキー) シートに置きます。油を塗った粘着フィルムで覆い、暖かい場所に20分間置きます。

溶き卵を刷毛で塗り、予熱したオーブンで 200℃/400°F/ガスマーク 6 で 20 分間焼きます。一晩冷ます。

薄くスライスし、予熱したオーブンで 150℃/300°F/ガスマーク 2 で 30 分間、カリッと焼き色がつくまで焼きます。

チェダービスケット

12になる

バターまたはマーガリン 50g/2オンス/¼カップ

薄力粉 200 g/7 オンス/1 3/4 カップ

ベーキングパウダー 15ml/大さじ1

塩ひとつまみ

すりおろしたチェダーチーズ 50g/2オンス/½カップ

牛乳 175ml/6液量オンス/3/4カップ

小麦粉、ベーキングパウダー、塩にバターまたはマーガリンを
すり込み、パン粉のように混ぜます。チーズを入れて混ぜ、十
分な量の牛乳を混ぜて柔らかい生地を作ります。軽く打ち粉を
した台の上で厚さ約2cmに伸ばし、ビスケット（クッキー）カ
ッターで丸く切ります。油を塗っていないベーキング (クッキ
ー) シートに並べ、ビスケット (クラッカー) を 200℃/400°F/ガ
スマーク 6 に予熱したオーブンで 15 分間、きつね色になるま
で焼きます。

ブルーチーズビスケット

12になる

バターまたはマーガリン 50g/2オンス/¼カップ

薄力粉 200 g/7 オンス/1 3/4 カップ

ベーキングパウダー 15ml/大さじ1

スティルトンチーズ 50g/2オンス/½カップ

牛乳 175ml/6液量オンス/3/4カップ

混合物がパン粉のようになるまで、バターまたはマーガリンを
小麦粉とベーキング パウダーにすり込みます。チーズを入れて
混ぜ、十分な量の牛乳を混ぜて柔らかい生地を作ります。軽く
打ち粉をした台の上で厚さ約2cmに伸ばし、ビスケット（クッ
キー）カッターで丸く切ります。油を塗っていないベーキング
(クッキー) シートに並べ、ビスケット (クラッカー) を
200℃/400°F/ガスマーク 6 に予熱したオーブンで 15 分間、き
つね色になるまで焼きます。

チーズとごまのビスケット

24になります

バターまたはマーガリン 75g/1/3カップ

全粒粉（全粒粉） 75g/3オンス/¾カップ

すりおろしたチェダーチーズ 75g/3オンス/3/4カップ

ごま 30ml/大さじ2

塩と挽きたての黒胡椒

溶き卵1個

混合物がパン粉のようになるまで、バターまたはマーガリンを
小麦粉にすり込みます。チーズとごま半量を入れて混ぜ、塩、
こしょうで味をととのえる。一緒に押して、しっかりとした生
地を形成します。打ち粉をした台で生地を厚さ約5mmに伸ばし
、ビスケット（クッキー）型で丸く切ります。ビスケット (ク
ラッカー) を油を塗ったベーキング (クッキー) シートに置き、
卵を塗り、残りのゴマを振りかけます。予熱したオーブンで
190℃/375°F/ガスマーク 5 で 10 分間、黄金色になるまで焼き
ます。

チーズストロー

16にします

225 g/8 オンスのパイ生地

溶き卵1個

すりおろしたチェダーチーズまたはストロングチーズ 100g/1カップ

すりおろしたパルメザンチーズ 15ml/大さじ1

塩と挽きたての黒胡椒

ペストリー（ペースト）を厚さ約 5 mm/¼ に伸ばし、溶き卵を刷毛でたっぷり塗ります。チーズをふりかけ、塩、こしょうで味をととのえる。ストリップにカットし、ストリップをそっとねじってらせん状にします。湿らせたベーキング (クッキー) シートの上に置き、220℃/425°F/ガスマーク 7 に予熱したオーブンで、膨らんで黄金色になるまで約 10 分間焼きます。

チーズとトマトのビスケット

12になる

バターまたはマーガリン 50g/2オンス/¼カップ

薄力粉 200 g/7 オンス/1 3/4 カップ

ベーキングパウダー 15ml/大さじ1

塩ひとつまみ

すりおろしたチェダーチーズ 50g/2オンス/½カップ

トマトピューレ（ペースト） 15ml/大さじ1

牛乳 150ml/¼pt/2/3カップ

小麦粉、ベーキングパウダー、塩にバターまたはマーガリンを
すり込み、パン粉のように混ぜます。チーズを入れて混ぜ、ト
マトピューレと牛乳を加えて生地を柔らかくする。軽く打ち粉
をした台の上で厚さ約2cm/3/4になるまで伸ばし、ビスケット
（クッキー）カッターで丸く切ります。油を塗っていないベー
キング (クッキー) シートに並べ、ビスケット (クラッカー) を
200°C/400°F/ガスマーク 6 に予熱したオーブンで 15 分間、き
つね色になるまで焼きます。

山羊のチーズバイト

30になります

2枚の冷凍フィロペストリー（ペースト）、解凍

溶かした無塩バター 50g/2オンス/¼カップ

ヤギのチーズ 50g/2オンス/1/2カップ

エルブ・ド・プロヴァンス 5ml/小さじ1

フィロ ペストリー シートに溶かしたバターを刷毛で塗り、2枚目のシートを上に置き、バターを刷毛で塗ります。30等分に切り分け、それぞれにチーズをのせ、ハーブを散らす。角を合わせてねじって密封し、溶かしたバターをもう一度塗ります。油を塗ったベーキング (クッキー) シートの上に置き、180℃/350°F/ガスマーク 4 に予熱したオーブンで 10 分間、カリッと黄金色になるまで焼きます。

ハムとマスタードロール

16にします

225 g/8 オンスのパイ生地

フレンチマスタード 30ml/大さじ2

刻んだ生ハム 100g/1カップ

塩と挽きたての黒胡椒

ペストリー（ペースト）を約5mm/¼の厚さにのばします。からしをのせ、ハムを散らし、塩、こしょうで味をととのえる。ペストリーを長いソーセージの形に丸め、1cm/½のスライスに切り、湿らせたベーキング (クッキー) シートに並べます。予熱したオーブンで 220℃/425°F/ガスマーク 7 で約 10 分間、ふっくらと黄金色になるまで焼きます。

ハムとペッパーのビスケット

30になります

プレーン（万能）小麦粉 225 g/8 オンス/2 カップ

ベーキングパウダー 15ml/大さじ1

乾燥タイム 小さじ1/5ml

上白糖 小さじ1/5ml

すりおろした生姜 2.5ml/小さじ1/2

すりおろしたナツメグ ひとつまみ

重曹（重曹）ひとつまみ

塩と挽きたての黒胡椒

植物性脂肪（ショートニング）50g/2オンス/¼カップ

刻んだハム 50g/2オンス/1/2カップ

細かく刻んだピーマン 30ml/大さじ2

バターミルク 175ml/6液量オンス/3/4カップ

薄力粉、ベーキングパウダー、タイム、砂糖、しょうが、ナツメグ、重曹、塩、こしょうを混ぜ合わせます。混合物がパン粉に似るまで、植物性脂肪をこすります。ハムとコショウを入れてかき混ぜます。バターミルクを少しずつ加えて混ぜ、柔らかい生地にします。軽く打ち粉をした表面で、滑らかになるまで数秒間こねます。厚さ2cmにのばし、ビスケット（クッキー）型で丸く切る。油を塗ったベーキング (クッキー) シートにビスケットを十分に離して置き、予熱したオーブンで 220℃/425°F/ガスマーク 7 で 12 分間、膨らんで黄金色になるまで焼きます。

シンプルハーブビスケット

8にします

プレーン（万能）小麦粉 225 g/8 オンス/2 カップ

ベーキングパウダー 15ml/大さじ1

上白糖 小さじ1/5ml

2.5ml/小さじ1/2の塩

バターまたはマーガリン 50g/2オンス/¼カップ

刻んだチャイブ 15ml/大さじ1

パプリカ ひとつまみ

挽きたての黒コショウ

牛乳 45ml/大さじ3

水 45ml/大さじ3

薄力粉、ベーキングパウダー、砂糖、塩を混ぜ合わせる。混合物がパン粉のようになるまで、バターまたはマーガリンをすり込みます。チャイブ、パプリカ、コショウを混ぜて味を調えます。牛乳と水を入れて混ぜ、やわらかい生地にします。軽く打ち粉をした表面でなめらかになるまでこね、厚さ2cm/3/4に伸ばし、ビスケット（クッキー）カッターで丸く切ります。ビスケット (クラッカー) を離して、油を塗ったベーキング (クッキー) シートの上に置き、予熱したオーブンで 200℃/400°F/ガスマーク 6 で 15 分間、膨らんで黄金色になるまで焼きます。

インドのビスケット

4人前

薄力粉 100 g/4 オンス/1 カップ

セモリナ粉（小麦のクリーム） 100g/1カップ

175 g/6 オンス/3/4 カップの砂糖

小麦粉 75g/3オンス/3/4カップ

ギー 175g/6オンス/¾カップ

ボウルにすべての材料を混ぜ合わせ、手のひらでこねて固い生地を作ります。混合物が乾燥しすぎている場合は、もう少しギーが必要になる場合があります. 小さなボールに成形し、ビスケット (クラッカー) の形に押します。油を塗ったベーキング (クッキー) シートの上に置き、予熱したオーブンで 150℃/300°F/ガスマーク 2 で 30 〜 40 分間、軽く焦げ目がつくまで焼きます。ビスケットが調理されると、細いひび割れが現れることがあります。

ヘーゼルナッツとエシャロットのショートブレッド

12になる

柔らかくしたバターまたはマーガリン 75 g/1/3 カップ

全粒粉（全粒粉） 175 g/6 oz/1½ カップ

ベーキングパウダー 10ml/小さじ2

細かく刻んだエシャロット 1個

刻んだヘーゼルナッツ 50g/2オンス/½カップ

パプリカ 10ml/小さじ2

冷水 15ml/大さじ1

混合物がパン粉のようになるまで、バターまたはマーガリンを小麦粉とベーキング パウダーにすり込みます。エシャロット、ヘーゼルナッツ、パプリカを混ぜます。冷水を加えてひとまとめにし、生地を作る。ロールアウトし、30 x 20 cm/12 x 8 インチのスイス ロール型 (ゼリー ロール パン) に押し込み、フォークで全体に穴を開けます。指に印をつけます。予熱したオーブンで 200°C/400°F/ガスマーク 6 で 10 分間、黄金色になるまで焼きます。

サーモンとディルのビスケット

12になる

プレーン（万能）小麦粉 225 g/8 オンス/2 カップ

上白糖 小さじ1/5ml

2.5ml/小さじ1/2の塩

ベーキングパウダー 20ml/小さじ4

さいの目に切ったバターまたはマーガリン 100g/1/2カップ

水 90ml/大さじ6

牛乳 90ml/大さじ6

スモークサーモンの切り身 100 g/4 oz/1 カップ

新鮮なディルのみじん切り（ディルウィード）60ml/大さじ4

小麦粉、砂糖、塩、ベーキングパウダーを混ぜ合わせ、バターまたはマーガリンを加えてパン粉のように混ぜます。牛乳と水を少しずつ加えて混ぜ、やわらかい生地にします。サーモンとディルで作業し、滑らかになるまで混ぜます。厚さ2.5cmに伸ばし、ビスケット（クッキー）型で丸く切る。ビスケット(クラッカー) を離して油を塗ったベーキング (クッキー) シートの上に置き、予熱したオーブンで 220℃/425°F/ガスマーク 7 で 15 分間、ふくらんで黄金色になるまで焼きます。

ソーダビスケット

12になる

ラード（ショートニング）45ml/大さじ3

プレーン（万能）小麦粉 225 g/8 オンス/2 カップ

重炭酸ソーダ（重曹）5ml/小さじ1

タルタルクリーム 小さじ1/5ml

塩ひとつまみ

バターミルク 250ml/1カップ

混合物がパン粉に似るまで、ラードを小麦粉、重炭酸ソーダ、タルタルクリーム、塩にすり込みます。牛乳を入れて混ぜ、やわらかい生地にします。軽く打ち粉をした台の上で厚さ1cm/½になるまで伸ばし、ビスケット（クッキー）カッターで切り抜きます。ビスケット (クラッカー) を油を塗ったベーキング (クッキー) シートに置き、230℃/450°F/ガスマーク 8 に予熱したオーブンで 10 分間、黄金色になるまで焼きます。

トマトとパルメザンの風車

16にします

225 g/8 オンスのパイ生地

トマトピューレ（ペースト） 30ml/大さじ2

すりおろしたパルメザンチーズ 100g/1カップ

塩と挽きたての黒胡椒

ペストリー（ペースト）を約5mm/¼の厚さにのばします。トマトピューレをのせ、チーズをのせ、塩、こしょうで味をととのえる。ペストリーを長いソーセージの形に丸め、1cm/½のスライスに切り、湿らせたベーキング (クッキー) シートに並べます。予熱したオーブンで 220°C/425°F/ガスマーク 7 で約 10 分間、ふっくらと黄金色になるまで焼きます。

トマトとハーブのビスケット

12になる

プレーン（万能）小麦粉 225 g/8 オンス/2 カップ

上白糖 小さじ1/5ml

2.5ml/小さじ1/2の塩

ベーキングパウダー 40ml/大さじ2½

バターまたはマーガリン 100g/1/2カップ

牛乳 30ml/大さじ2

水 30ml/大さじ2

熟したトマト4個、皮をむき、種を取り、みじん切りにする

フレッシュバジルのみじん切り 45ml/大さじ3

薄力粉、砂糖、塩、ベーキングパウダーを混ぜ合わせる。混合物がパン粉のようになるまで、バターまたはマーガリンをすり込みます。牛乳、水、トマト、バジルを入れて混ぜ、生地を柔らかくする。軽く打ち粉をした表面で数秒間こねてから、厚さ2.5 cm/1インチに伸ばし、ビスケット(クッキー)カッターで円形に切ります。ビスケットを離して油を塗った天板に並べ、予熱したオーブンで230℃/425°F/ガスマーク7で15分間、ふくらんで黄金色になるまで焼きます。

ベーシックホワイトローフ

450 g/1 ポンドのパンが 3 枚できます

25 g/1 オンスの生イーストまたは 40 ml/大さじ 2½ ドライイースト

砂糖 10ml/小さじ2

温水 900 ml/1.5 ポイント/3 3/4 カップ

25 g/1 オンス/大さじ 2 ラード (ショートニング)

1.5 kg/3 ポンド/12 カップのストロング プレーン (パン) 小麦粉

塩 15ml/大さじ1

イーストを砂糖と少量のぬるま湯と混ぜ合わせ、泡立つまで20分間暖かい場所に置きます. ラードを小麦粉と塩にすり込み、イースト混合物と残りの十分な水を混ぜて、ボウルの側面をきれいに残す固い生地にします. 軽く打ち粉をした表面またはプロセッサーで、弾力がありべたつかなくなるまでこねます。生地を油を塗ったボウルに入れ、油を塗ったラップで覆い、暖かい場所に約1時間置き、2倍の大きさになり、触ると弾力が出るまで.

固くなるまで生地をもう一度こね、3つに分け、油を塗った 450g/1ポンドのパン型に入れるか、お好みのパンに形を整えます。蓋をして暖かい場所で約40分間、生地が型のすぐ上に達するまで発酵させます.

予熱したオーブンで 230°C/450°F/ガスマーク 8 で 30 分間、パンが型の側面から収縮し始め、金色で固くなり、底を軽くたたくと中空の音がするまで焼きます。

ベーグル

12になる

フレッシュイースト 15g/½オンス またはドライイースト 小さじ4/20ml

上白糖 小さじ1/5ml

温かい牛乳 300ml/½pt/1¼カップ

バターまたはマーガリン 50g/2オンス/¼カップ

450 g/1 ポンド/4 カップのストロング プレーン (パン) 小麦粉

塩ひとつまみ

卵黄 1個

ポピーシード 30ml/大さじ2

イーストを砂糖と少量の温かい牛乳と混ぜ合わせ、泡立つまで20分間暖かい場所に置きます.バターまたはマーガリンを小麦粉と塩にすり込み、中央にくぼみを作ります。酵母の混合物、残りの温かい牛乳、卵黄を加えて滑らかな生地に混ぜます.生地に弾力があり、べたつかなくなるまでこねます。油を塗ったボウルに入れ、油を塗ったラップで覆い、2倍の大きさになるまで約1時間暖かい場所に置きます.

生地を軽くこねてから12等分します。それぞれを長さ約15 cm / 6インチの長いストリップに丸め、リングにねじります.油を塗った天板（クッキー）の上に置き、蓋をして15分間発酵させます。

鍋にたっぷりの湯を沸かし、沸騰したら弱火にします。リングを沸騰したお湯に落とし、3分間調理し、一度返し、取り出してベーキング（クッキー）シートに置きます.残りのベーグルを続けます。ベーグルにケシの実をふりかけ、予熱したオーブンで 230℃/450℉/ガスマーク 8 で 20 分間、黄金色になるまで焼きます。

バップス

12になる

25 g/1 オンスの生イーストまたは 40 ml/大さじ 2½ ドライイースト

上白糖 小さじ1/5ml

温めた牛乳 150ml/¼pt/2/3カップ

ラード 50g（ショートニング）

450 g/1 ポンド/4 カップのストロング プレーン (パン) 小麦粉

塩 小さじ1/5ml

150 ml/¼ pt/2/3 カップの温水

イーストを砂糖と少量の温かい牛乳と混ぜ合わせ、泡立つまで20分間暖かい場所に置きます.ラードを小麦粉にすり込み、塩を加えてかき混ぜ、中央にくぼみを作ります。イースト混合物、残りの牛乳、水を加えて、柔らかい生地になるまで混ぜます。弾力が出てべたつかなくなるまでこねます。油を塗ったボウルに入れ、油を塗ったクリングフィルム (ラップ) で覆います。2倍の大きさになるまで、約1時間暖かい場所に置きます。
生地を 12 個の平らなロールに成形し、油を塗ったベーキング (クッキー) シートに並べます。15分間放置します。
予熱したオーブンで 230℃/450°F/ガスマーク 8 で 15 ～ 20 分間、よく膨らんで黄金色になるまで焼きます。

クリーミー大麦ローフ

900 g/2 lb のパン 1 枚分

15 g/½ オンスのフレッシュイーストまたは20 ml/4 tsp ドライイースト

砂糖ひとつまみ

350 ml/12 fl oz/1½ カップの温水

強力粉（パン用）　400g

大麦粉 175g/6オンス/1½カップ

塩ひとつまみ

シングル（ライト）クリーム 45ml/大さじ3

イーストを砂糖と少量のぬるま湯と混ぜ合わせ、泡立つまで20分間暖かい場所に置きます. ボウルに薄力粉と塩を入れて混ぜ、イーストミックス、生クリーム、残りの水を加えて、しっかりとした生地になるまで混ぜます。べたつかず滑らかになるまでこねます。油を塗ったボウルに入れ、油を塗ったラップで覆い、2倍の大きさになるまで約1時間暖かい場所に置きます.

もう一度軽くこね、油を塗った 900 g/2 lb のパン型に成形し、蓋をして暖かい場所に 40 分間置き、生地が型の上部から浮き上がるまで待ちます。

予熱したオーブンで 220℃/425°F/ガスマーク 7 で 10 分間焼き、次にオーブンの温度を 190℃/375°F/ガスマーク 5 に下げ、さらに 25 分間焼き色がついて中空になるまで焼きます。 -ベースをタップすると鳴ります。

ビールパン

900 g/2 lb のパン 1 枚分

450 g/1 lb/4 カップ セルフライジング (セルフライジング) 小麦粉

塩 小さじ1/5ml

350 ml/12 fl oz/1½ カップのラガー

材料を混ぜ合わせて滑らかな生地にします。油を塗った 900 g/2 lb のパン型に成形し、蓋をして暖かい場所で 20 分間発酵させます。予熱したオーブンで 190℃/375°F/ガスマーク 5 で 45 分間、底を軽くたたくと黄金色になり、くぼんだ音がするまで焼きます。

ボストン黒パン

450 g/1 ポンドのパンが 3 枚できます

ライ麦粉 100g/4オンス/1カップ

コーンミール 100 g/4 オンス/1 カップ

全粒粉（全粒粉） 100 g/4 オンス/1 カップ

重炭酸ソーダ（重曹）5ml/小さじ1

塩 小さじ1/5ml

黒糖蜜（糖蜜） 250g/9オンス/3/4カップ

バターミルク 500ml/16液量オンス/2カップ

レーズン 175g/6オンス/1カップ

乾いた材料を混ぜ合わせ、糖蜜、バターミルク、レーズンを入れて混ぜ、柔らかい生地にします。油を塗った 450 g/1 lb の 3 つのプリン皿に混合物をスプーンで入れ、耐油 (ワックス) 紙とホイルで覆い、ひもで結び、上部を密閉します。大きな鍋に入れ、ボウルの側面の半分まで熱湯を注ぎます。水を沸騰させ、鍋に蓋をして 2 時間半煮込み、必要に応じて沸騰したお湯を足します。鍋からボウルを取り出し、少し冷まします。バターを添えて温めてお召し上がりください。

ふすま植木鉢

3つ作る

25 g/1 オンスの生イーストまたは 40 ml/大さじ 2½ ドライイースト

砂糖 小さじ1/5ml

ぬるま湯 600ml/1pt/2.5カップ

全粒粉（全粒粉）675 g/1½ポンド/6カップ

大豆粉 25g/1オンス/¼カップ

塩 小さじ1/5ml

ふすま 50g/2オンス/1カップ

釉薬をかけるミルク

砕いた小麦 45ml/大さじ3

清潔で新しい 13 cm/5 インチの粘土植木鉢が 3 つ必要です。油をよく塗り、高温のオーブンで30分間焼き、ひび割れを防ぎます。

イーストを砂糖と少量のぬるま湯と混ぜ合わせ、泡立つまで放置します。小麦粉、塩、ふすまを混ぜ合わせ、中央をくぼませる。ぬるま湯とイーストの混合物を混ぜて、固い生地になるまでこねます。打ち粉をした表面に出して、滑らかで弾力があるまで約10分間こねます。または、フードプロセッサーでこれを行うこともできます。生地をきれいなボウルに入れ、油を塗ったラップで覆い、温かい場所で約1時間、2倍の大きさになるまで発酵させます。

打ち粉をした台に出し、再度10分こねる。油を塗った 3 つの植木鉢に形を整え、蓋をして、生地が鉢の上から浮き上がるまで45 分間発酵させます。

生地に牛乳を塗り、砕いた小麦をまぶします。予熱したオーブンで 230℃/450°F/ガスマーク 8 で 15 分間焼きます。オーブン

の温度を 200°C/400°F/ガスマーク 6 に下げ、十分に膨らんで固まるまでさらに 30 分間焼きます。裏返して冷ます。

バターロール

12になる

450 g/1 ポンドのベーシック ホワイト ローフ生地

さいの目に切ったバターまたはマーガリン 100g/1/2カップ

パン生地を作り、2倍くらいに膨らんでもっちりとした食感になるまで発酵させます。

生地をもう一度こね、バターまたはマーガリンで作業します。12個のロール状に成形し、油を塗ったベーキング (クッキー) シートに並べます。油を塗ったラップで包み、温かいところで約1時間、2倍の大きさになるまで発酵させる。

予熱したオーブンで 230°C/450°F/ガスマーク 8 で 20 分間、底を軽くたたくと黄金色になり、くぼんだ音がするまで焼きます。

バターミルクローフ

1 斤 675 g/1½ ポンドのパンを作る

プレーン（万能）小麦粉 450 g/1 lb/4 カップ

タルタルクリーム 小さじ1/5ml

重炭酸ソーダ（重曹）5ml/小さじ1

バターミルク 250ml/1カップ

ボウルに薄力粉、クリームオブタルタル、重炭酸ソーダを入れて混ぜ、真ん中をくぼませる。バターミルクを十分に混ぜて、柔らかい生地に混ぜます。丸く成形し、油を塗ったベーキング (クッキー) シートの上に置きます。予熱したオーブンで 220℃/425°F/ガスマーク 7 で 20 分間、よく膨らんできつね色になるまで焼きます。

カナディアンコーンブレッド

1斤分23cm

薄力粉 150g/5オンス/1¼カップ

コーンミール 75g/3オンス/¾カップ

ベーキングパウダー 15ml/大さじ1

2.5ml/小さじ1/2の塩

メープルシロップ 100g/4オンス/1/3カップ

溶かしたラード（ショートニング）100g/1/2カップ

溶き卵 2個

乾いた材料を混ぜ合わせ、シロップ、ラード、卵を加え、よく混ざるまでかき混ぜます。油を塗った 23 cm/9 インチの焼き型 (パン) にスプーンで入れ、予熱したオーブンで 220℃/425℉/ガス マーク 7 で 25 分間、十分に盛り上がって黄金色になり、側面が縮み始めるまで焼きます。缶の。

コーニッシュ ロール

12になる

25 g/1 オンスの生イーストまたは 40 ml/大さじ 2½ ドライイースト

上白糖（上白糖） 15ml/大さじ1

温かい牛乳 300ml/½pt/1¼ カップ

バターまたはマーガリン 50g/2オンス/¼ カップ

450 g/1 ポンド/4 カップのストロング プレーン (パン) 小麦粉

塩ひとつまみ

イーストを砂糖と少量の温かい牛乳と混ぜ合わせ、泡立つまで 20分間暖かい場所に置きます. バターまたはマーガリンを小麦粉と塩にすり込み、中央にくぼみを作ります。酵母の混合物と残りの牛乳を加えて、柔らかい生地に混ぜます。弾力が出てべたつかなくなるまでこねます。油を塗ったボウルに入れ、油を塗ったクリングフィルム (ラップ) で覆います。2倍の大きさになるまで、約1時間暖かい場所に置きます。

生地を 12 個の平らなロールに成形し、油を塗ったベーキング (クッキー) シートに並べます。油を塗ったラップで覆い、15分間発酵させます。

予熱したオーブンで 230°C/450°F/ガスマーク 8 で 15 ～ 20 分間、よく膨らんで黄金色になるまで焼きます。

カントリーフラットブレッド

小さな食パンが6枚できます

ドライイースト 10ml/小さじ2

クリアハニー 15ml/大さじ1

120 ml/4 液量オンス/1/2 カップの温水

350 g/12 オンス/3 カップ ストロング プレーン (パン) 小麦粉

塩 小さじ1/5ml

バターまたはマーガリン 50g/2オンス/¼カップ

キャラウェイシード 小さじ1/5ml

コリアンダー 5ml/小さじ1

カルダモン 5ml/小さじ1

温めた牛乳 120ml/1/2カップ

ごま 60ml/大さじ4

イーストとハチミツを45ml/大さじ3杯の温水と15ml/大さじ1杯の小麦粉と混ぜ合わせ、泡立つまで約20分間暖かい場所に置きます.残りの小麦粉を塩と混ぜ、バターまたはマーガリンをこすり合わせ、キャラウェイ シード、コリアンダー、カルダモンを入れてかき混ぜ、中央にくぼみを作ります。イーストの混合物、残りの水、十分な量の牛乳を混ぜて滑らかな生地を作ります。固くなり、べたつかなくなるまでよくこねます。油を塗ったボウルに入れ、油を塗ったラップ（ラップ）で覆い、2倍の大きさになるまで約30分間暖かい場所に置きます.

生地をもう一度こねてから、平らなケーキに成形します。油を塗ったベーキング (クッキー) シートの上に置き、牛乳を刷毛で塗ります。ごまをふりかける。油を塗ったラップで覆い、15分間発酵させます。

予熱したオーブンで 200℃/400°F/ガスマーク 6 で 30 分間、黄金色になるまで焼きます。

カントリーポピーシードプレイト

450 g/1 ポンドのパンが 1 枚できます

プレーン（万能）小麦粉 275 g/10 オンス/2½ カップ

上白糖 25g/1オンス/大さじ2

塩 小さじ1/5ml

イージーブレンドドライイースト 10ml/小さじ2

牛乳 175ml/6液量オンス/3/4カップ

バターまたはマーガリン 25g/1オンス/大さじ2

卵1個

つや出し用の牛乳または卵白 少々

ポピーシード 30ml/大さじ2

小麦粉、砂糖、塩、イーストを混ぜ合わせます。バターまたはマーガリンで牛乳を温め、卵と一緒に小麦粉に混ぜて、固い生地になるまでこねます。弾力が出てべたつかなくなるまでこねます。油を塗ったボウルに入れ、油を塗ったラップで覆い、2倍の大きさになるまで約1時間暖かい場所に置きます.

もう一度こねて、長さ約20cmのソーセージを3つ作る。各ストリップの一方の端を湿らせ、それらを一緒に押してから、ストリップを一緒に編んで、端を湿らせて密封します.油を塗ったベーキング（クッキー）シートの上に置き、油を塗ったラップで覆い、サイズが2倍になるまで約40分間発酵させます.

牛乳または卵白を刷毛で塗って、ケシの実をまぶします。予熱したオーブンで 190℃/375°F/ガスマーク 5 で約 45 分間、きつね色になるまで焼きます。

カントリー全粒粉パン

450 g/1 lb のパンが 2 つ作れます

ドライイースト 20ml/小さじ4

上白糖 小さじ1/5ml

600 ml/1 pt/2½ カップの温水

植物性脂肪（ショートニング） 25g/1オンス/大さじ2

全粒粉（全粒粉） 800g/1¾ポンド/7カップ

塩 10ml/小さじ2

麦芽エキス 10ml/小さじ2

溶き卵1個

砕いた小麦 25g/1オンス/¼カップ

イーストを砂糖と少量のぬるま湯と混ぜ合わせ、泡立つまで約20分間放置します。脂肪を小麦粉、塩、麦芽エキスにすり込み、中央にくぼみを作ります。酵母の混合物と残りの温水を混ぜて、柔らかい生地に混ぜます.弾力が出てべたつかなくなるまでよくこねます。油を塗ったボウルに入れ、油を塗ったラップで覆い、2倍の大きさになるまで約1時間暖かい場所に置きます.

生地をもう一度こねて、油を塗った 450 g/1 ポンドのパン型 (パン) 2 つに成形します。暖かい場所で約40分、生地が型のすぐ上まで膨らむまで発酵させます。

パンの上部に卵をたっぷり塗り、砕いた小麦をまぶします。230℃/450℉/ガスマーク 8 に予熱したオーブンで約 30 分間、底を軽くたたくと黄金色になり、くぼんだ音がするまで焼きます。

カレープレイツ

450 g/1 lb のパンが 2 つ作れます

120 ml/4 液量オンス/1/2 カップの温水

ドライイースト 30ml/大さじ2

225 g/8 オンス/2/3 カップの透明な蜂蜜

バターまたはマーガリン 25g/1オンス/大さじ2

カレー粉 30ml/大さじ2

プレーン（万能）小麦粉 675 g/1½ lb/6 カップ

塩 10ml/小さじ2

バターミルク 450ml/¾pt/2カップ

卵1個

水 10ml/小さじ2

45 ml/大さじ 3 のフレーク状 (スライスした) アーモンド

水にイーストと蜂蜜小さじ5mlを混ぜ、泡立つまで20分間放置します。バターまたはマーガリンを溶かし、カレー粉を入れて弱火で1分煮る。残りの蜂蜜を入れてかき混ぜ、火から下ろします。ボウルに薄力粉と塩の半量を入れ、真ん中をくぼませる。イースト混合物、ハチミツ混合物、バターミルクを加え、残りの小麦粉を徐々に加えながら混ぜて柔らかい生地にします.滑らかで弾力性があるまでこねます。油を塗ったボウルに入れ、油を塗ったラップで覆い、2倍の大きさになるまで約1時間暖かい場所に置きます.

もう一度こねて、生地を半分に分けます。それぞれを3つに切り、ソーセージの形に20cm/8に丸めます。各ストリップの一方の端を湿らせ、2 つの 3 つのロットで一緒に押してシールします。2 組のストリップを編んで、端を閉じます。油を塗ったベーキング（クッキー）シートの上に置き、油を塗ったクリング

フィルム（ラップ）で覆い、サイズが2倍になるまで約40分間発酵させます.

卵を水で溶き、パンに刷毛で塗り、アーモンドをふりかけます。予熱したオーブンで190℃/375°F/ガスマーク5で40分間、底を軽くたたくと黄金色になり、くぼんだ音がするまで焼きます。

デボンスプリット

12になる

25 g/1 オンスの生イーストまたは 40 ml/大さじ 2½ ドライイースト

上白糖 小さじ1/5ml

温めた牛乳 150ml/¼pt/2/3カップ

バターまたはマーガリン 50g/2オンス/¼カップ

450 g/1 ポンド/4 カップのストロング プレーン (パン) 小麦粉

150 ml/¼ pt/2/3 カップの温水

イーストを砂糖と少量の温かい牛乳と混ぜ合わせ、泡立つまで20分間暖かい場所に置きます.バターまたはマーガリンを小麦粉にすり込み、中央をくぼませる。イースト混合物、残りの牛乳、水を加えて、柔らかい生地になるまで混ぜます。弾力が出てべたつかなくなるまでこねます。油を塗ったボウルに入れ、油を塗ったクリングフィルム (ラップ) で覆います。2倍の大きさになるまで、約1時間暖かい場所に置きます。

生地を 12 個の平らなロールに成形し、油を塗ったベーキング (クッキー) シートに並べます。15分間放置します。

予熱したオーブンで 230℃/450°F/ガスマーク 8 で 15 〜 20 分間、十分に膨らんできつね色になるまで焼きます。

フルーツ小麦胚芽パン

900 g/2 lb のパン 1 枚分

プレーン（万能）小麦粉 225 g/8 オンス/2 カップ

塩 小さじ1/5ml

重炭酸ソーダ（重曹）5ml/小さじ1

ベーキングパウダー 小さじ1/5ml

小麦胚芽 175g/6オンス/1½カップ

コーンミール 100 g/4 オンス/1 カップ

ロールドオーツ 100g/4オンス/1カップ

350 g/12 oz/2 カップ サルタナ (ゴールデンレーズン)

卵1個、軽く溶きます

プレーンヨーグルト 250ml/1カップ

黒糖蜜（糖蜜）150ml/¼pt/2/3カップ

ゴールデン（ライトコーン）シロップ 60ml/大さじ4

油 30ml/大さじ2

乾燥材料とスルタナを混ぜ合わせ、中央にくぼみを作ります。卵、ヨーグルト、糖蜜、シロップ、油を一緒にブレンドし、乾燥した材料に混ぜて、柔らかい生地に混ぜます.油を塗った 900 g/2 lb のパン型に成形し、180℃/350°F/ガスマーク 4 に予熱したオーブンで、手触りが固くなるまで 1 時間焼きます。缶の中で10分間冷ましてから、ワイヤーラックに出して冷まします.

フルーティーミルクプレイツ

450 g/1 lb のパンが 2 つ作れます

フレッシュイースト 15g/½オンスまたはドライイースト 小さじ4/20ml

上白糖 小さじ1/5ml

温かい牛乳 450 ml/¾ pt/2 カップ

バターまたはマーガリン 50g/2オンス/¼カップ

プレーン（万能）小麦粉 675 g/1½ lb/6 カップ

塩ひとつまみ

レーズン 100g/4オンス/2/3カップ

スグリ 25g/1オンス/大さじ3

25 g/1 オンス/3 大さじ 3 みじん切りミックス (砂糖漬け) 皮

艶出し用ミルク

イーストと砂糖、少量の温かい牛乳を混ぜ合わせます。泡立つまで約20分間暖かい場所に置いておきます。バターまたはマーガリンを小麦粉と塩にすり込み、レーズン、スグリ、ミックスピールを混ぜ合わせ、中央にくぼみを作ります。残りの温かい牛乳とイーストの混合物を混ぜ合わせ、柔らかく、べたつかない生地になるまでこねます。油を塗ったボウルに入れ、油を塗ったクリングフィルム (ラップ) で覆います。2倍の大きさになるまで、約1時間暖かい場所に置きます。

もう一度軽くこねてから、半分に分けます。それぞれを3等分し、ソーセージの形に丸めます。各ロールの一方の端を湿らせ、3 つを軽く押し合わせてから、生地を編んで端を湿らせて密封します。他の生地のひだで繰り返します。油を塗ったベーキング (クッキー) シートの上に置き、油を塗ったラップ (ラップ) で覆い、約 15 分間発酵させます。

刷毛で少量の牛乳を塗り、予熱したオーブンで 200℃/400°F/ガスマーク 6 で 30 分間、底を軽くたたくと黄金色になり、くぼんだ音がするまで焼きます。

グラナリーブレッド

900 g/2 lb のパンが 2 つ作れます

25 g/1 オンスの生イーストまたは 40 ml/大さじ 2½ ドライイースト

はちみつ 小さじ1/5ml

温水 450 ml/¾ pt/2 カップ

350 g/12 オンス/3 カップのグラナリーフラワー

全粒粉（全粒粉）　350 g/12 オンス/3 カップ

塩 15ml/大さじ1

バターまたはマーガリン 15g/½オンス/大さじ1

イーストをハチミツと少量のぬるま湯と混ぜ合わせ、泡立つまで約20分間暖かい場所に置きます.小麦粉と塩を混ぜ、バターまたはマーガリンをすり込みます。滑らかな生地を作るために、酵母の混合物と十分な量の温水を混ぜます.軽く打ち粉をした表面で滑らかになりべたつかなくなるまでこねます。油を塗ったボウルに入れ、油を塗ったラップで覆い、2倍の大きさになるまで約1時間暖かい場所に置きます.

もう一度こねて、グリースを塗った 900 g/2 lb のパン型 (パン) 2 つに成形します。油を塗ったラップで覆い、生地が缶の上部に達するまで発酵させます。

予熱したオーブンで 220℃/425°F/ガスマーク 7 で 25 分間、底を軽くたたくと黄金色になり、くぼんだ音がするまで焼きます。

グラナリーロール

12になる

フレッシュイースト 15g/½オンスまたはドライイースト 20ml/大さじ 2½

上白糖 小さじ1/5ml

温水 300 ml/½ pt/1¼ カップ

450 g/1 ポンド/4 カップの穀倉用小麦粉

塩 小さじ1/5ml

麦芽エキス 5ml/大さじ1

砕いた小麦 30ml/大さじ2

イーストを砂糖と少量のぬるま湯と混ぜ合わせ、泡立つまで暖かい場所に置きます。小麦粉と塩を混ぜ合わせ、酵母混合物、残りのぬるま湯、麦芽エキスを加えます。軽く打ち粉をした表面で、滑らかで弾力が出るまでこねます。油を塗ったボウルに入れ、油を塗ったラップで覆い、2倍の大きさになるまで約1時間暖かい場所に置きます.

軽くこね、ロール状に成形し、油を塗ったベーキング (クッキー) シートに置きます。刷毛で水を塗り、砕いた小麦をまぶします。油を塗ったラップで覆い、2倍の大きさになるまで約40分間暖かい場所に置きます.

220℃/425°F/ガスマーク 7 に予熱したオーブンで 10 〜 15 分間、底を軽くたたくと音がするまで焼きます。

ヘーゼルナッツ入りグラナリーブレッド

900 g/2 lb のパン 1 枚分

フレッシュイースト 15g/½オンスまたはドライイースト 小さじ4/20ml

ソフトブラウンシュガー 小さじ1/5ml

温水 450 ml/¾ pt/2 カップ

450 g/1 ポンド/4 カップの穀倉用小麦粉

強力粉（パン用） 175g/1½カップ

塩 小さじ1/5ml

オリーブオイル 15ml/大さじ1

粗く刻んだヘーゼルナッツ 100g/1カップ

イーストを砂糖と少量のぬるま湯と混ぜ合わせ、泡立つまで20分間暖かい場所に置きます.小麦粉と塩をボウルで混ぜ合わせ、イースト混合物、油、残りのぬるま湯を加え、しっかりとした生地になるまで混ぜます。べたつかず滑らかになるまでこねます。油を塗ったボウルに入れ、油を塗ったラップで覆い、2倍の大きさになるまで約1時間暖かい場所に置きます.

もう一度軽くこねてナッツで作業し、油を塗った 900 g/2 ポンドのパン型 (型) に成形し、油を塗ったラップで覆い、生地が型の上部から浮き上がるまで 30 分間、暖かい場所に置きます。

予熱したオーブンで 220°C/425°F/ガスマーク 7 で 30 分間、底を軽くたたくと黄金色になり、くぼんだ音がするまで焼きます。

グリッシーニ

12になる

25 g/1 オンスの生イーストまたは 40 ml/大さじ 2½ ドライイースト

上白糖（上白糖） 15ml/大さじ1

温めた牛乳 120ml/1/2カップ

バターまたはマーガリン 25g/1オンス/大さじ2

450 g/1 ポンド/4 カップのストロング プレーン (パン) 小麦粉

塩 10ml/小さじ2

イーストを砂糖小さじ5mlと温めた牛乳少々と混ぜ、泡立つまで20分間暖かい場所に置きます。残りの温かい牛乳にバターと残りの砂糖を溶かします。小麦粉と塩をボウルに入れ、中央をくぼませる。イーストと牛乳の混合物を注ぎ、混ぜ合わせてしっとりした生地を作ります。滑らかになるまでこねます。油を塗ったボウルに入れ、油を塗ったラップで覆い、2倍の大きさになるまで約1時間暖かい場所に置きます.

軽くこねてから12等分し、細長い棒状に伸ばし、油を塗ったベーキングシート（クッキー）の上に離して並べます。油を塗ったラップで覆い、暖かい場所で20分間発酵させます。

パンスティックに水を刷毛で塗り、予熱したオーブンで 220℃/425°F/ガスマーク 7 で 10 分間焼きます。次に、オーブンの温度を 180℃/350°F/ガスマーク 4 に下げ、1 分間焼きます。カリカリになるまでさらに20分。

収穫ひだ

550 g/1¼ lb のパンが 1 つ作れます

25 g/1 オンスの生イーストまたは 40 ml/大さじ 2½ ドライイースト

上白糖 25g/1オンス/大さじ2

温めた牛乳 150ml/¼pt/2/3カップ

溶かしたバターまたはマーガリン 50g/2オンス/¼カップ

溶き卵1個

プレーン（万能）小麦粉 450 g/1 lb/4 カップ

塩ひとつまみ

スグリ 30ml/大さじ2

挽いたシナモン 2.5ml/小さじ1/2

すりおろしたレモンの皮 小さじ1/5ml

艶出し用ミルク

イーストを砂糖小さじ2.5mlと温めた牛乳少々と混ぜ、泡立つまで約20分間暖かい場所に置きます。残りの牛乳をバターまたはマーガリンと混ぜ、少し冷まします。卵を混ぜます。残りの材料をボウルに入れ、中央をくぼませる。牛乳とイーストの混合物をかき混ぜて、柔らかい生地に混ぜます。弾力が出てべたつかなくなるまでこねます。油を塗ったボウルに入れ、油を塗ったクリングフィルム (ラップ) で覆います。2倍の大きさになるまで、約1時間暖かい場所に置きます。

生地を3等分し、棒状に丸めます。各ストリップの一方の端を湿らせ、端を一緒にシールしてから、それらを一緒に編んで、もう一方の端を湿らせて固定します. 油を塗ったベーキング (クッキー) シートの上に置き、油を塗ったラップで覆い、暖かい場所に 15 分間置きます。

刷毛で少量の牛乳を塗り、予熱したオーブンで 220℃/425°F/ガスマーク 7 で 15 ～ 20 分、底を軽くたたくと黄金色になり、くぼんだ音がするまで焼きます。

ミルクパン

450 g/1 lb のパンが 2 つ作れます

フレッシュイースト 15g/½オンスまたはドライイースト 小さじ4/20ml

上白糖 小さじ1/5ml

温かい牛乳 450 ml/¾ pt/2 カップ

バターまたはマーガリン 50g/2オンス/¼カップ

プレーン（万能）小麦粉 675 g/1½ lb/6 カップ

塩ひとつまみ

艶出し用ミルク

イーストを砂糖と少量の温かい牛乳と混ぜます。泡立つまで約20分間暖かい場所に置いておきます。バターまたはマーガリンを小麦粉と塩にすり込み、中央にくぼみを作ります。残りの温かい牛乳とイーストの混合物を混ぜ合わせ、柔らかく、べたつかない生地になるまでこねます。油を塗ったボウルに入れ、油を塗ったクリングフィルム (ラップ) で覆います。2倍の大きさになるまで、約1時間暖かい場所に置きます。

もう一度軽くこねてから、油を塗った 450 g/1 ポンドの 2 つのパン型 (パン) に混合物を分け、油を塗ったラップで覆い、生地が型の上部のすぐ上になるまで約 15 分間放置します。

刷毛で少量の牛乳を塗り、予熱したオーブンで 200℃/400℉/ガスマーク 6 で 30 分間、底を軽くたたくと黄金色になり、くぼんだ音がするまで焼きます。

ミルクフルーツローフ

450 g/1 lb のパンが 2 つ作れます

フレッシュイースト 15g/½オンスまたはドライイースト 小さじ4/20ml

上白糖 小さじ1/5ml

温かい牛乳 450 ml/¾ pt/2 カップ

バターまたはマーガリン 50g/2オンス/¼カップ

プレーン（万能）小麦粉 675 g/1½ lb/6 カップ

塩ひとつまみ

レーズン 100g/4オンス/2/3カップ

艶出し用ミルク

イーストを砂糖と少量の温かい牛乳と混ぜます。泡立つまで約20分間暖かい場所に置いておきます。バターまたはマーガリンを小麦粉と塩にすり込み、レーズンを入れてかき混ぜ、中央にくぼみを作ります。残りの温かい牛乳とイーストの混合物を混ぜ合わせ、柔らかく、べたつかない生地になるまでこねます。油を塗ったボウルに入れ、油を塗ったクリングフィルム (ラップ) で覆います。2倍の大きさになるまで、約1時間暖かい場所に置きます。

もう一度軽くこねてから、油を塗った 450 g/1 ポンドの 2 つのパン型 (パン) に混合物を分け、油を塗ったラップで覆い、生地が型の上部のすぐ上になるまで約 15 分間放置します。

刷毛で少量の牛乳を塗り、予熱したオーブンで 200°C/400°F/ガスマーク 6 で 30 分間、底を軽くたたくと黄金色になり、くぼんだ音がするまで焼きます。

朝顔パン

450 g/1 lb のパンが 2 つ作れます

全粒粉 100 g/4 オンス/1 カップ

麦芽エキス 15ml/大さじ1

温水 450 ml/¾ pt/2 カップ

25 g/1 オンスの生イーストまたは 40 ml/大さじ 2½ ドライイースト

クリアハニー 30ml/大さじ2

植物性脂肪（ショートニング）25g/1オンス/大さじ2

全粒粉（全粒粉）675 g/1½ポンド/6カップ

25 g/1 オンス/¼ カップの粉ミルク (脱脂粉乳)

塩 小さじ1/5ml

全粒小麦と麦芽エキスをぬるま湯に一晩浸します。

イーストをもう少しぬるま湯と小さじ1/5のハチミツと混ぜます。泡立つまで約20分間暖かい場所に置きます。脂肪を小麦粉、粉乳、塩にすり込み、中央にくぼみを作ります。酵母の混合物、残りの蜂蜜、小麦の混合物をかき混ぜ、生地を混ぜます。べたつかず、なめらかになるまでよくこねます。油を塗ったボウルに入れ、油を塗ったラップで覆い、2倍の大きさになるまで約1時間暖かい場所に置きます.

生地をもう一度こねて、油を塗った 450 g/1 lb のパン型 (パン) 2 つに成形します。油を塗ったラップで覆い、生地が缶の上部のすぐ上に達するまで、40分間暖かい場所に置きます.

予熱したオーブンで 200℃/425°F/ガスマーク 7 で約 25 分間、十分に盛り上がり、底を軽く叩いたときに中空の音がするまで焼きます。

マフィンパン

900 g/2 lb のパンが 2 つ作れます

全粒粉（全粒粉） 300g/10オンス/2½カップ

薄力粉 300g/10オンス/2½カップ

ドライイースト 40ml/大さじ2½

上白糖（上白糖） 15ml/大さじ1

塩 10ml/小さじ2

500ml/17液量オンス/2¼カップのぬるま湯

2.5ml/小さじ½重炭酸ソーダ（重曹）

ぬるま湯 15ml/大さじ1

小麦粉を一緒に混ぜます。350 g/12 oz/3 カップの混ぜた小麦粉をボウルに入れ、イースト、砂糖、塩を混ぜます。牛乳を入れてかき混ぜ、固い混合物になるまで叩きます。重炭酸ソーダと水を混ぜ合わせ、残りの小麦粉と一緒に生地に混ぜます。混合物を油を塗った 900 g/2 ポンドの 2 つのローフ缶 (パン) に分け、蓋をして、サイズが 2 倍になるまで約 1 時間発酵させます。予熱したオーブンで 190℃/375°F/ガスマーク 5 で 1/4 時間、よく膨らんできつね色になるまで焼きます。

ノーライズパン

900 g/2 lb のパン 1 枚分

全粒粉（全粒粉）450g/1ポンド/4カップ

セルフライジング（セルフライジング）小麦粉 175 g/6 oz/1½ カップ

塩 小さじ1/5ml

上白糖 30ml/大さじ2

牛乳 450 ml/¾ pt/2 カップ

酢 20ml/小さじ4

油 30ml/大さじ2

重炭酸ソーダ（重曹）5ml/小さじ1

薄力粉、塩、砂糖を混ぜ合わせ、真ん中をくぼませる。牛乳、酢、オイル、重炭酸ソーダを混ぜ合わせ、乾燥材料に注ぎ、滑らかな生地になるまで混ぜます。油を塗った 900 g/2 ポンドのパン型 (型) に成形し、180℃/350°F/ガス マーク 4 に予熱したオーブンで 1 時間、底を軽くたたくと黄金色になり、くぼんだ音がするまで焼きます。

ピザ生地

23cm/9インチのピザ2枚分

フレッシュイースト 15g/½オンスまたはドライイースト 小さじ4/20ml

砂糖ひとつまみ

250 ml/8 液量オンス/1 カップの温水

プレーン（万能）小麦粉 350 g/12 オンス/3 カップ

塩ひとつまみ

オリーブオイル 30ml/大さじ2

イーストを砂糖と少量のぬるま湯と混ぜ合わせ、泡立つまで20分間暖かい場所に置きます. 小麦粉に塩とオリーブオイルを混ぜ、べたつかず滑らかになるまでこねます。油を塗ったボウルに入れ、油を塗ったクリングフィルム（ラップ）で覆い、2倍の大きさになるまで暖かい場所に1時間置きます. もう一度こねて、必要に応じて形を整えます。

オートミールコブ

450 g/1 ポンドのパンが 1 枚できます

25 g/1 オンスの生イーストまたは 40 ml/大さじ 2½ ドライイースト

上白糖 小さじ1/5ml

ぬるま湯 150ml/¼pt/2/3カップ

ぬるま湯 150ml/¼pt/2/3カップ

強力粉（パン用）400g

塩 小さじ1/5ml

バターまたはマーガリン 25g/1オンス/大さじ2

ミディアムオートミール 100g/1カップ

イーストと砂糖を牛乳と水と混ぜ合わせ、泡立つまで暖かい場所に置きます。小麦粉と塩を混ぜ合わせ、バターまたはマーガリンをすり込み、オートミールを加えてかき混ぜます。中央にくぼみを作り、イーストの混合物を注ぎ、混ぜて柔らかい生地にします.打ち粉をした台にひっくり返して、滑らかで弾力が出るまで10分間こねます。油を塗ったボウルに入れ、油を塗ったラップで覆い、温かい場所で約1時間、2倍の大きさになるまで発酵させます。

生地をもう一度こねて、お好みのパンの形に成形します。油を塗ったベーキングシート（クッキー）の上に置き、ブラシで少量の水を塗り、油を塗った粘着フィルムで覆い、2倍の大きさになるまで約 40 分間暖かい場所に置きます。

予熱したオーブンで 230℃/450°F/ガスマーク 8 で 25 分間、十分に盛り上がり、底を軽くたたくと黄金色になり、くぼんだ音がするまで焼きます。

オートミールファール

4つにする

25 g/1 オンスの生イーストまたは 40 ml/大さじ 2½ ドライイースト

はちみつ 小さじ1/5ml

温水 300 ml/½ pt/1¼ カップ

450 g/1 ポンド/4 カップのストロング プレーン (パン) 小麦粉

ミディアムオートミール 50g/2オンス/½カップ

ベーキングパウダー 2.5ml/小さじ1/2

塩ひとつまみ

バターまたはマーガリン 25g/1オンス/大さじ2

イーストをハチミツと少量のぬるま湯と混ぜ合わせ、泡立つまで20分間暖かい場所に置きます.

小麦粉、オートミール、ベーキングパウダー、塩を混ぜ合わせ、バターまたはマーガリンをすり込みます。酵母の混合物と残りの温水をかき混ぜ、中程度の柔らかさの生地に混ぜます. 弾力が出てべたつかなくなるまでこねます。油を塗ったボウルに入れ、油を塗ったラップで覆い、2倍の大きさになるまで約1時間暖かい場所に置きます.

もう一度軽くこね、厚さ約3cmの丸型に成形する。横に四等分に切り、わずかに離して元の丸い形のまま、油を塗ったベーキング (クッキー) シートの上に置きます。油を塗ったラップで覆い、2倍の大きさになるまで約30分間発酵させます。

予熱したオーブンで 200℃/400°F/ガスマーク 6 で 30 分間、底を軽くたたくと黄金色になり、くぼんだ音がするまで焼きます。

ピッタパン

6にします

フレッシュイースト 15g/½オンスまたはドライイースト 小さじ4/20ml

上白糖 小さじ1/5ml

温水 300 ml/½ pt/1¼ カップ

450 g/1 ポンド/4 カップのストロング プレーン (パン) 小麦粉

塩 小さじ1/5ml

イースト、砂糖、少量のぬるま湯を混ぜ合わせ、泡立つまで暖かい場所に20分間置きます。酵母の混合物と残りのぬるま湯を小麦粉と塩に混ぜ合わせ、しっかりとした生地になるまで混ぜます。滑らかで弾力性があるまでこねます。油を塗ったボウルに入れ、油を塗ったラップで覆い、2倍の大きさになるまで約1時間暖かい場所に置きます.

もう一度こねて6等分にする。厚さ約 5 mm/¼ の楕円形に丸め、油を塗ったベーキング (クッキー) シートの上に置きます。油を塗ったラップで覆い、2 倍の大きさになるまで 40 分間発酵させます。

予熱したオーブンで 230℃/450℉/ガスマーク 8 で 10 分間、軽く黄金色になるまで焼きます。

クイックブラウンブレッド

450 g/1 lb のパンが 2 つ作れます

フレッシュイースト 15g/½オンスまたはドライイースト 小さじ4/20ml

300 ml/½ pt/1¼ カップの温かい牛乳と水を混ぜたもの

黒糖蜜（糖蜜） 15ml/大さじ1

全粒粉（全粒粉） 225 g/8 オンス/2 カップ

プレーン（万能）小麦粉 225 g/8 オンス/2 カップ

塩 10ml/小さじ2

バターまたはマーガリン 25g/1オンス/大さじ2

砕いた小麦 15ml/大さじ1

イーストと少量の温かい牛乳と水、糖蜜を混ぜ合わせ、泡立つまで暖かい場所に置きます。小麦粉と塩を混ぜ、バターまたはマーガリンをすり込みます。中央にくぼみを作り、酵母の混合物を注ぎ、しっかりした生地になるまで混ぜます.打ち粉をした台に移し、滑らかで弾力が出るまで 10 分間こねるか、フードプロセッサーで処理します。2つのパンに成形し、グリースを塗って裏打ちした450 g / 1ポンドのパン缶（フライパン）に入れます.表面をブラシで水で濡らし、砕いた小麦をまぶします。油を塗ったラップ（ラップ）で包み、温かい場所で約1時間、2倍の大きさになるまで放置する。

240°C/475°F/ガスマーク 8 に予熱したオーブンで 40 分間、底を叩いたときにパンが空洞になるまで焼きます。

しっとりライスブレッド

900 g/2 lb のパン 1 枚分

長粒米 75 g/3 オンス/1/3 カップ

フレッシュイースト 15g/½オンスまたはドライイースト 小さじ4/20ml

砂糖ひとつまみ

250 ml/8 液量オンス/1 カップの温水

550 g/1¼ ポンド/5 カップ ストロングプレーン (パン) 小麦粉

2.5ml/小さじ1/2の塩

ご飯をカップに計ってから、鍋に注ぎます。3倍量の冷水を加えて沸騰させ、蓋をして水分がなくなるまで約20分煮る。その間、イーストと砂糖と少量のぬるま湯を混ぜ合わせ、泡立つまで20分間暖かい場所に置きます.

小麦粉と塩をボウルに入れ、中央をくぼませる。酵母の混合物と温かいご飯を混ぜ合わせ、柔らかい生地に混ぜます.油を塗ったボウルに入れ、油を塗ったラップで覆い、2倍の大きさになるまで約1時間暖かい場所に置きます.

軽くこね、生地が柔らかすぎて作業できない場合は小麦粉を少し加え、油を塗った 900 g/2 lb のパン型 (型) に成形します。油を塗ったラップで覆い、生地が型の上部から浮き上がるまで30分間暖かい場所に置きます.

予熱したオーブンで 230℃/450°F/ガスマーク 8 で 10 分間焼き、次にオーブンの温度を 200℃/400°F/ガスマーク 6 に下げ、さらに 25 分間焼き色がついて中空になるまで焼きます。 -ベースをタップすると鳴ります。

米とアーモンドのローフ

900 g/2 lb のパン 1 枚分

柔らかくしたバターまたはマーガリン 175 g/6 オンス/3/4 カップ

175 g/6 オンス/3/4 カップの砂糖

卵 3 個、軽く溶きほぐす

強力粉（パン用） 100g/1カップ

ベーキングパウダー 小さじ1/5ml

塩ひとつまみ

100 g/4 オンス/1 カップの米粉

50g/2オンス/1/2カップの挽いたアーモンド

ぬるま湯 15ml/大さじ1

バターまたはマーガリンと砂糖をクリーム状にし、ふんわりするまで混ぜます。卵を少しずつ加えて混ぜ、乾燥材料と水を加えてなめらかな生地にします。油を塗った 900 g/2 ポンドのパン型 (型) に成形し、180°C/350°F/ガス マーク 4 に予熱したオーブンで 1 時間、底を軽くたたくと黄金色になり、くぼんだ音がするまで焼きます。

カリカリラスク

24になります

プレーン（万能）小麦粉 675 g/1½ lb/6 カップ

タルタルクリーム 15ml/大さじ1

塩 10ml/小さじ2

上白糖 400 g/14 オンス/1 3/4 カップ

250 g/9 oz/多量の 1 カップのバターまたはマーガリン

重炭酸ソーダ（重曹）10ml/小さじ2

バターミルク 250ml/1カップ

卵1個

薄力粉、クリームターター、塩を混ぜ合わせます。砂糖をかき混ぜます。混合物がパン粉に似るまでバターまたはマーガリンをこすり、中央にくぼみを作ります.重炭酸ソーダと少量のバターミルクを混ぜ、残りのバターミルクに卵を混ぜます。30ml/大さじ2杯の卵液をラスクに塗るために取っておきます。重炭酸ソーダ混合物を含む乾燥成分に残りを混ぜ、固い生地になるまで混ぜます.生地を6等分し、ソーセージの形にする。少し平たくして、それぞれ6等分に切る。油を塗ったベーキング (クッキー) シートに並べ、予約した卵の混合物を刷毛で塗ります。予熱したオーブンで 200℃/400°F/ガスマーク 6 で 30 分間、きつね色になるまで焼きます。

ライ麦パン

450 g/1 lb のパンが 2 つ作れます

25 g/1 オンスの生イーストまたは 40 ml/大さじ 2½ ドライイースト

ソフトブラウンシュガー 15ml/大さじ1

温水 300 ml/½ pt/1¼ カップ

ライ麦粉 450g/1ポンド/4カップ

強力粉（パン用） 225g/2カップ

塩 小さじ1/5ml

キャラウェイシード 小さじ1/5ml

温めた牛乳 150ml/¼pt/2/3カップ

イーストを砂糖と少量のぬるま湯と混ぜ合わせ、泡立つまで暖かい場所に置きます。薄力粉、塩、キャラウェイシードを混ぜ合わせ、真ん中をくぼませる。酵母の混合物、牛乳、残りの水を混ぜ合わせ、しっかりとした生地になるまで混ぜます。打ち粉をした台の上に出し、滑らかで弾力が出るまで8分間こねるか、フードプロセッサーで処理します。油を塗ったボウルに入れ、油を塗ったラップで覆い、2倍の大きさになるまで約1時間暖かい場所に置きます. もう一度こねて、2 つのパンに成形し、油を塗ったベーキング (クッキー) シートに置きます。油を塗ったラップで覆い、30分間発酵させます。

予熱したオーブンで 220℃/425°F/ガスマーク 7 で 15 分間焼き、次にオーブン温度を 190℃/375°F/ガスマーク 5 に下げて、パンを叩いたときに中空の音がするまでさらに 25 分間焼きます。ベースに。

ハニースコーンリング

20cmのリングが1つできます

生地の場合:

バターまたはマーガリン 100g/1/2カップ

350 g/12 オンス/3 カップ セルフライジング (セルフライジング) 小麦粉

塩ひとつまみ

卵1個

牛乳 150ml/¼pt/2/3カップ

充填用:

柔らかくしたバターまたはマーガリン 100g/1/2カップ

クリアハニー 60ml/大さじ4

デメララ糖 15ml/大さじ1

生地を作るには、混合物がパン粉に似るまで、バターまたはマーガリンを小麦粉と塩にこすりつけます.卵と牛乳をよく混ぜ合わせ、薄力粉を加えてふんわりとした生地にします。軽く打ち粉をした台の上で、30cm四方に伸ばします。

フィリングを作るには、バターまたはマーガリンと蜂蜜を一緒にクリーム状にします。15ml/大さじ1の混合物を取っておき、残りを生地の上に広げます。ロールケーキのように巻いて、8等分に切る。油を塗った 20 cm のケーキ型 (型) にスライスを並べ、縁に 7 枚、中央に 1 枚並べます。取っておいたはちみつを塗り、砂糖をまぶします。スコーン (ビスケット) を190℃/375°F/ガスマーク 5 に予熱したオーブンで 30 分間、きつね色になるまで焼きます。缶の中で10分間冷ましてから、ワイヤーラックに出して冷まします.

ミューズリースコーン

8つのくさびを作ります

ミューズリー 100g/4オンス/1カップ

水 150ml/¼pt/2/3カップ

バターまたはマーガリン 50g/2オンス/¼カップ

プレーン（万能）または全粒粉（全粒粉）100 g/4 オンス/1 カップ

ベーキングパウダー 10ml/小さじ2

レーズン 50g/2オンス/1/3カップ

溶き卵1個

ミューズリーを水に30分浸します。バターまたはマーガリンを小麦粉とベーキング パウダーに混ぜてパン粉のように混ぜ、レーズンと浸したミューズリーを加えて混ぜ、生地を柔らかくします。20 cm の円形に成形し、油を塗ったベーキング (クッキー) シートの上で平らにします。部分的に8等分に切り、溶き卵を刷毛で塗る。230℃/450°F/ガスマーク 8 に予熱したオーブンで約 20 分間、黄金色になるまで焼きます。

オレンジとレーズンのスコーン

12になる

バターまたはマーガリン 50g/2オンス/¼カップ

プレーン（万能）小麦粉 225 g/8 オンス/2 カップ

2.5ml/小さじ½重炭酸ソーダ（重曹）

レーズン 100g/4オンス/2/3カップ

すりおろしたオレンジの皮 小さじ1/5ml

オレンジジュース 60ml/大さじ4

牛乳 60ml/大さじ4

釉薬をかけるミルク

バターまたはマーガリンを小麦粉と重炭酸ソーダにすり込み、レーズンとオレンジの皮をかき混ぜます。オレンジジュースと牛乳を加えて、しっとりとした生地に仕上げます。打ち粉をした台で厚さ約2.5cmに伸ばし、ビスケット（クッキー）型で丸く切る。スコーン (ビスケット) を油を塗ったベーキング (クッキー) シートに置き、上部に牛乳を塗ります。予熱したオーブンで 200℃/400°F/ガスマーク 6 で 15 分間、軽く焦げ目がつくまで焼きます。

梨のスコーン

12になる

バターまたはマーガリン 50g/2オンス/¼カップ

セルフライジング（セルフライジング）小麦粉 225 g/8 oz/2 カップ

上白糖 25g/1オンス/大さじ2

堅い洋ナシ 1 個、皮をむき、芯を取り、みじん切りにする

プレーンヨーグルト 150ml/¼pt/2/3カップ

牛乳 30ml/大さじ2

バターまたはマーガリンを小麦粉にすり込みます。砂糖と洋ナシを加えて混ぜ、必要に応じて牛乳を少し加えて、柔らかい生地を作ります。打ち粉をした台で厚さ約2.5cmに伸ばし、ビスケット（クッキー）型で丸く切る。スコーン (ビスケット) を油を塗ったベーキング (クッキー) シートに置き、予熱したオーブンで 230℃/450°F/ガス マーク 8 で 10 ～ 15 分間、よく膨らんで黄金色になるまで焼きます。

ポテトスコーン

12になる

バターまたはマーガリン 50g/2オンス/¼カップ

セルフライジング（セルフライジング）小麦粉 225 g/8 oz/2 カップ

塩ひとつまみ

茹でたマッシュポテト 175g/6オンス/3/4カップ

牛乳 60ml/大さじ4

バターまたはマーガリンを小麦粉と塩にすり込みます。マッシュポテトと十分な量の牛乳を混ぜて、柔らかい生地を作ります.打ち粉をした台で厚さ約2.5cmに伸ばし、ビスケット（クッキー）型で丸く切る。スコーン (ビスケット) を軽く油を塗ったベーキング (クッキー) シートに置き、予熱したオーブンで200°C/400°F/ガスマーク 6 で 15 〜 20 分間、軽く黄金色になるまで焼きます。

レーズンスコーン

12になる

レーズン 75g/3オンス/½カップ

プレーン（万能）小麦粉 225 g/8 オンス/2 カップ

2.5ml/小さじ1/2の塩

ベーキングパウダー 15ml/大さじ1

上白糖 25g/1オンス/大さじ2

バターまたはマーガリン 50g/2オンス/¼カップ

シングル（ライト）クリーム 120ml/4液量オンス/1/2カップ

溶き卵1個

レーズンは熱湯に30分ほど浸し、水気を切る。乾いた材料を混ぜ合わせ、バターまたはマーガリンをすり込みます。クリームと卵を混ぜて、柔らかい生地を作ります。3つのボールに分割し、厚さ約1cm/½になるまで伸ばし、油を塗ったベーキング（クッキー）シートの上に置きます.それぞれを四等分に切る。スコーン(ビスケット)を230℃/450°F/ガスマーク 8 に予熱したオーブンで約 10 分間、きつね色になるまで焼きます。

糖蜜スコーン

10にします

プレーン（万能）小麦粉 225 g/8 オンス/2 カップ

ベーキングパウダー 10ml/小さじ2

2.5ml/小さじ1/2 シナモンパウダー

さいの目に切ったバターまたはマーガリン 50g/1/4カップ

上白糖 25g/1オンス/大さじ2

黒糖蜜（糖蜜） 30ml/大さじ2

牛乳 150ml/¼pt/2/3カップ

薄力粉、ベーキングパウダー、シナモンを混ぜ合わせる。バターまたはマーガリンをすり込み、砂糖、糖蜜、十分な量の牛乳を加えて、柔らかい生地を作ります。厚さ1cm/½に伸ばし、ビスケット(クッキー)カッターで5cm/2インチの輪切りにする。スコーン（ビスケット）を油を塗ったベーキングトレイに置き、予熱したオーブンで220℃/425°F/ガスマーク 7 で 10 〜 15 分間、十分に膨らんできつね色になるまで焼きます。

糖蜜と生姜のスコーン

12になる

薄力粉 400g/14オンス/3.5カップ

米粉 50g/2オンス/½カップ

重炭酸ソーダ（重曹）5ml/小さじ1

歯石のクリーム 2.5ml/小さじ1/2

すりおろした生姜 10ml/小さじ2

2.5ml/小さじ1/2の塩

上白糖 10ml/小さじ2

バターまたはマーガリン 50g/2オンス/¼カップ

黒糖蜜（糖蜜）30ml/大さじ2

牛乳 300ml/½pt/1¼カップ

乾燥成分を一緒に混ぜます。混合物がパン粉のようになるまで、バターまたはマーガリンをすり込みます。糖蜜と十分な量の牛乳を混ぜて、柔らかくてもべたつかない生地を作ります。軽く打ち粉をした表面でやさしくこね、ロールアウトし、ビスケット (クッキー) カッターで 7.5 cm/ 3 の円形に切ります。スコーン (ビスケット) を油を塗ったベーキング (クッキー) シートの上に置き、残りの牛乳を刷毛で塗ります。予熱したオーブンで 220℃/425°F/ガスマーク 7 で 15 分間、膨らんできつね色になるまで焼きます。

サルタナスコーン

12になる

プレーン（万能）小麦粉 225 g/8 オンス/2 カップ

塩ひとつまみ

2.5ml/小さじ½重炭酸ソーダ（重曹）

歯石のクリーム 2.5ml/小さじ1/2

バターまたはマーガリン 50g/2オンス/¼カップ

上白糖 25g/1オンス/大さじ2

スルタナ（ゴールデンレーズン）50g/2オンス/1/3カップ

7.5ml/大さじ1/2のレモン汁

牛乳 150ml/¼pt/2/3カップ

小麦粉、塩、重炭酸ソーダ、クリームオブタルタルを混ぜ合わせます。混合物がパン粉のようになるまで、バターまたはマーガリンをすり込みます。砂糖とスルタナをかき混ぜます。レモン汁を牛乳に混ぜ、生地が柔らかくなるまで徐々に混ぜます。軽くこね、厚さ約1cm/½に伸ばし、ビスケット(クッキー)型で5cm/2インチの輪切りにする。スコーン (ビスケット) を油を塗ったベーキング (クッキー) シートに置き、予熱したオーブンで230℃/450°F/ガス マーク 8 で約 10 分間、十分に膨らんできつね色になるまで焼きます。

全粒粉の糖蜜スコーン

12になる

全粒粉（全粒粉） 100 g/4 オンス/1 カップ

薄力粉 100 g/4 オンス/1 カップ

上白糖 25g/1オンス/大さじ2

歯石のクリーム 2.5ml/小さじ1/2

2.5ml/小さじ½重炭酸ソーダ（重曹）

ミックス（アップルパイ）スパイス 小さじ1/5ml

バターまたはマーガリン 50g/2オンス/¼カップ

黒糖蜜（糖蜜） 30ml/大さじ2

牛乳 100ml/大さじ6½

乾いた材料を混ぜ合わせ、バターまたはマーガリンをすり込みます。糖蜜を温め、十分な量の牛乳を加えた材料に混ぜて、柔らかい生地を作ります。軽く打ち粉をした台の上で厚さ1cm/½になるまで伸ばし、ビスケット（クッキー）カッターで丸く切ります。スコーン(ビスケット)を油を塗って小麦粉をまぶしたベーキング(クッキー)シートに並べ、牛乳を刷毛で塗ります。予熱したオーブンで190℃/375°F/ガスマーク5で20分間焼きます。

ヨーグルトスコーン

12になる

薄力粉 200 g/7 オンス/1 3/4 カップ

米粉 25g/1オンス/¼カップ

ベーキングパウダー 10ml/小さじ2

塩ひとつまみ

上白糖（上白糖）　15ml/大さじ1

バターまたはマーガリン 50g/2オンス/¼カップ

プレーンヨーグルト 150ml/¼pt/2/3カップ

薄力粉、ベーキングパウダー、塩、砂糖を混ぜ合わせる。混合物がパン粉のようになるまで、バターまたはマーガリンをすり込みます。ヨーグルトを混ぜて、柔らかくてもべたつかない生地を作ります。打ち粉をした台の上で厚さ約2cm/3/4になるまで伸ばし、ビスケット（クッキー）カッターで5cm/2インチの輪切りにする。油を塗ったベーキング（クッキー）シートの上に置き、200℃ / 400°F /ガスマーク6で予熱したオーブンで約15分間、よく膨らんで黄金色になるまで焼きます.

チーズスコーン

12になる

プレーン（万能）小麦粉 225g/8オンス/2カップ

2.5ml/小さじ1/2の塩

ベーキングパウダー 15ml/大さじ1

バターまたはマーガリン 50g/2オンス/¼カップ

すりおろしたチェダーチーズ 100g/1カップ

牛乳 150ml/¼pt/2/3カップ

薄力粉、塩、ベーキングパウダーを混ぜ合わせる。混合物がパン粉のようになるまで、バターまたはマーガリンをすり込みます。チーズをかき混ぜます。牛乳を少しずつ加えてなめらかな生地にします。軽くこね、厚さ約1cm/½に伸ばし、ビスケット(クッキー)型で5cm/2インチの輪切りにする。スコーン (ビスケット) を油を塗ったベーキング (クッキー) シートに置き、予熱したオーブンで220℃/425°F/ガス マーク 7 で 12 〜 15 分間、よく膨らんで表面が黄金色になるまで焼きます。温かくても冷たくてもお召し上がりください。

全粒粉ハーブスコーン

12になる

バターまたはマーガリン 100g/1/2カップ

全粒粉（全粒粉）175g/6オンス/1¼カップ

薄力粉 50g/2オンス/1/2カップ

ベーキングパウダー 10ml/小さじ2

新鮮なセージまたはタイムのみじん切り 30ml/大さじ2

牛乳 150ml/¼pt/2/3カップ

混合物がパン粉のようになるまで、小麦粉とベーキング パウダーにバターまたはマーガリンをすり込みます。ハーブと十分な量の牛乳を混ぜて、柔らかい生地を作ります。軽くこね、厚さ約1cm/½に伸ばし、ビスケット(クッキー)型で5cm/2インチの輪切りにする。スコーン (ビスケット) を油を塗ったベーキング(クッキー) シートに置き、上部に牛乳を塗ります。予熱したオーブンで 220°C/425°F/ガスマーク 7 で 10 分間、膨らんできつね色になるまで焼きます。

サラミとチーズのスコーン

4人前

バターまたはマーガリン 50g/2オンス/¼カップ

セルフライジング（セルフライジング）小麦粉 225 g/8 oz/2 カップ

塩ひとつまみ

みじん切りにしたサラミ 50g

すりおろしたチェダーチーズ 75g/3オンス/3/4カップ

牛乳 75ml/大さじ5

混合物がパン粉のようになるまで、バターまたはマーガリンを小麦粉と塩にすり込みます。サラミとチーズを入れて混ぜ、牛乳を加えて生地を柔らかくします。20cm角の丸型に成形し、少し平たくする。スコーン (ビスケット) を油を塗ったベーキング (クッキー) シートに置き、予熱したオーブンで 220°C/425°F/ガスマーク 7 で 15 分間、きつね色になるまで焼きます。

全粒粉スコーン

12になる

全粒粉（全粒粉） 175 g/6 oz/1½ カップ

薄力粉 50g/2オンス/1/2カップ

ベーキングパウダー 15ml/大さじ1

塩ひとつまみ

バターまたはマーガリン 50g/2オンス/¼カップ

上白糖 50g/2オンス/¼カップ

牛乳 150ml/¼pt/2/3カップ

薄力粉、ベーキングパウダー、塩を混ぜ合わせる。混合物がパン粉のようになるまで、バターまたはマーガリンをすり込みます。砂糖をかき混ぜます。牛乳を少しずつ加えて、ふんわりとした生地にします。軽くこね、厚さ約1cm/½に伸ばし、ビスケット(クッキー)型で5cm/2インチの輪切りにする。スコーン (ビスケット) を油を塗ったベーキング (クッキー) シートに置き、予熱したオーブンで230℃/450°F/ガス マーク 8 で約 15 分間、膨らんできつね色になるまで焼きます。温かいうちにお召し上がりください。

バルバドスのコンキー

12になる

すりおろしたカボチャ 350g

すりおろしたサツマイモ 225g

すりおろした、または225g/8オンスの大きなココナッツ 1個 乾燥した（細かく刻んだ）ココナッツ 2カップ

ソフトブラウンシュガー 350g/12オンス/1½ カップ

5 ml/小さじ 1 の粉末ミックス (アップルパイ) スパイス

すりおろしたナツメグ 小さじ1/5ml

塩 小さじ1/5ml

アーモンドエッセンス（エキス） 5ml/小さじ1

レーズン 100g/4オンス/2/3カップ

コーンミール 350 g/12 オンス/3 カップ

セルフライジング（セルフライジング）小麦粉 100 g/4 オンス/1 カップ

溶かしたバターまたはマーガリン 175 g/6 オンス/3/4 カップ

牛乳 300ml/½pt/1¼ カップ

かぼちゃ、さつまいも、ココナッツを混ぜ合わせる。砂糖、スパイス、塩、アーモンドエッセンスを混ぜます。レーズン、コーンミール、小麦粉を加えてよく混ぜます。溶かしたバターまたはマーガリンを牛乳と混ぜ、よく混ざるまで乾燥した材料に入れます。約60ml/大さじ4杯の混合物をホイルの正方形に入れます。ホイルを小包に折りたたんで、きれいに包み、混合物が露出しないようにします.残りの混合物で繰り返します。ラックに乗せたコンキーを沸騰したお湯の上で約 1 時間、固く火が通

るまで蒸します。ホットまたはコールドでお召し上がりくださ
い。

揚げクリスマスビスケット

40になります

バターまたはマーガリン 50g/2オンス/¼カップ

薄力粉 100 g/4 オンス/1 カップ

2.5ml/小さじ1/2のカルダモン

上白糖 25g/1オンス/大さじ2

ダブル（ヘビー）クリーム 15ml/大さじ1

ブランデー 5ml/小さじ1

溶き卵（小）1個

揚げ物用油

打ち粉用のアイシング（菓子用）砂糖

混合物がパン粉のようになるまで、バターまたはマーガリンを
小麦粉とカルダモンにすり込みます。砂糖を加えてかき混ぜ、
クリームとブランデーを加え、十分な量の卵を加えて、かなり
固い混合物を作ります.蓋をして涼しい場所に1時間放置します
。
軽く打ち粉をした表面に厚さ 5 mm/¼ で伸ばし、ペストリー カ
ッターで 10 x 2.5 cm/4 x 1 インチの細片に切ります。鋭利なナ
イフで各ストリップの中央にスリットを切ります。ストリップ
の一方の端をスリットに通し、半弓を作ります。ビスケット (
クッキー) を数回に分けて熱した油で、きつね色になり膨らむ
まで約 4 分間揚げます。キッチンペーパー（ペーパータオル）
で水気を切り、粉砂糖をまぶしてお召し上がりください。

コーンミールケーキ

12になる

セルフライジング（セルフライジング）小麦粉 100 g/4 オンス/1 カップ

コーンミール 100 g/4 オンス/1 カップ

ベーキングパウダー 小さじ1/5ml

上白糖 15g/½オンス/大さじ1杯

卵2個

牛乳 375ml/13液量オンス/1½カップ

油 60ml/大さじ4

浅煎り用油

乾燥材料を混ぜ合わせ、中央にくぼみを作ります。卵、牛乳、計量した油を一緒に泡立ててから、乾燥材料に加えます。大きなフライパン（スキレット）に少量の油を熱し、60ml/大さじ4杯の生地を上に泡が立つまで炒める（ソテーする）.ひっくり返して反対側も焼き色をつける。鍋から取り出し、残りのバッターを続けている間、保温してください.温かいうちにお召し上がりください。

クランペット

8にします

フレッシュイースト 15g/½オンスまたはドライイースト 小さじ4/20ml

上白糖 小さじ1/5ml

牛乳 300ml/½pt/1¼カップ

卵1個

薄力粉 250g/9オンス/2¼カップ

塩 小さじ1/5ml

給脂用油

イーストと砂糖を少量の牛乳と混ぜてペースト状にし、残りの牛乳と卵を混ぜます。小麦粉と塩に液体をかき混ぜ、クリーミーで濃厚なバッターに混ぜます.ふたをして2倍の大きさになるまで30分ほど暖かい場所に置く。鉄板または厚手のフライパン（スキレット）を熱し、薄く油をひきます。7.5 cm/3 インチのベーキングリングをグリドルに置きます。（ベーキングリングがない場合は、小さな型の上部と底を慎重に切り取ってください。）カップ一杯の混合物をリングに注ぎ、下側が茶色になり、上部に穴が開くまで約5分間調理します.残りの混合物で繰り返します。トーストしてお召し上がりください。

ドーナツ

16にします

温かい牛乳 300ml/½pt/1¼カップ

ドライイースト 15ml/大さじ1

175 g/6 オンス/3/4 カップの砂糖

450 g/1 ポンド/4 カップのストロング プレーン (パン) 小麦粉

塩 小さじ1/5ml

バターまたはマーガリン 50g/2オンス/¼カップ

溶き卵1個

揚げ物用油

シナモンパウダー 小さじ1/5ml

温めた牛乳、イースト、砂糖小さじ 1 杯あたり 5 ml、小麦粉 1 カップあたり 100 g を混ぜ合わせます。泡立つまで20分間暖かい場所に置いておきます。残りの薄力粉、砂糖 50 g/2 oz/¼ カップ、塩をボウルで混ぜ合わせ、バターまたはマーガリンを加えてパン粉のようになるまでこすります。卵とイーストの混合物を混ぜ合わせ、滑らかな生地になるまでよくこねます。ふたをして、暖かい場所に1時間置きます。もう一度こねて、厚さ 2cm/½になるまで伸ばす。8 cm/3 インチのカッターで輪切りにし、4 cm/1½ インチのカッターで中心を切り取ります。

油を塗った天板（クッキー）の上に置き、20分間発酵させます。油がほとんど煙が出るまで熱し、ドーナツを一度に数分間、黄金色になるまで揚げます。よく排水します。残りの砂糖とシナモンを袋に入れ、袋の中でドーナツがよくコーティングされるまで振ってください。

ポテトドーナツ

24になります

ドライイースト 15ml/大さじ1

ぬるま湯 60ml/大さじ4

上白糖 25g/1オンス/大さじ2

25 g/1 オンス/大さじ 2 ラード (ショートニング)

1.5ml/小さじ1/4の塩

マッシュポテト 75g/3オンス/1/3カップ

溶き卵1個

120 ml/4 液量オンス/1/2 カップの牛乳、煮沸

強力粉（パン用） 300g/10オンス/2.5カップ

揚げ物用油

ふりかけ用グラニュー糖

小さじ1杯の砂糖を入れたぬるま湯に酵母を溶かし、泡立つまで放置します。ラード、残りの砂糖、塩を混ぜ合わせます。じゃがいも、イースト液、卵、牛乳を入れて混ぜ、小麦粉を少しずつ加えてなめらかな生地にします。打ち粉をした台に出してよくこねます。油を塗ったボウルに入れ、ラップで包み、2倍の大きさになるまで約1時間暖かい場所に置きます。

もう一度こねてから、厚さ1cm/½になるまで伸ばす。8cmのカッターで輪切りにしてから、中心を4cmのカッターでくり抜いてドーナツ型にする。2倍の大きさになるまで発酵させます。油を熱し、ドーナツをきつね色になるまで揚げます。砂糖をまぶして冷ます。

ナンパン

6にします

ドライイースト 小さじ1/2 2.5ml

ぬるま湯 60ml/大さじ4

プレーン（万能）小麦粉 350 g/12 オンス/3 カップ

ベーキングパウダー 10ml/小さじ2

塩ひとつまみ

プレーンヨーグルト 150ml/¼pt/2/3カップ

ブラッシング用溶かしバター

イーストとぬるま湯を混ぜ合わせ、泡立つまで10分間暖かい場所に置きます。酵母の混合物を小麦粉、ベーキングパウダー、塩に混ぜてから、ヨーグルトで作業して柔らかい生地を作ります. べたつかなくなるまでこねます。油を塗ったボウルに入れ、蓋をして8時間発酵させます。

生地を6等分し、厚さ約5mmの楕円形にのばす。油を塗ったベーキング (クッキー) シートの上に置き、溶かしたバターをはけで塗ります。中火グリル（ブロイラー）で約5分、少しふっくらするまでグリル（炙り）し、ひっくり返して反対側にバターを塗り、さらに3分焼き色がつくまで焼く。

オートバノック

4つにする

ミディアムオートミール 100g/1カップ

2.5ml/小さじ1/2の塩

重曹（重曹）ひとつまみ

オイル 10ml/小さじ2

熱湯 60ml/小さじ4

ボウルに乾燥材料を混ぜ合わせ、中央にくぼみを作る。油と十分な量の水を混ぜて、しっかりした生地を作ります。軽く打ち粉をした表面に出して、滑らかになるまでこねます。厚さ5mm程度にのばし、端を整えてから4等分に切る。鉄板または厚手のフライパン (スキレット) を熱し、バノックを角が丸まり始めるまで約20分間炒めます (ソテーします)。ひっくり返してもう片面も6分焼きます。

小穂

8にします

10ml/小さじ2杯のフレッシュイーストまたは5ml/小さじ1杯のドライ
イースト

上白糖 小さじ1/5ml

牛乳 300ml/½pt/1¼カップ

卵1個

プレーン（万能）小麦粉 225 g/8 オンス/2 カップ

塩 小さじ1/5ml

給脂用油

イーストと砂糖を少量の牛乳と混ぜてペースト状にし、残りの
牛乳と卵を混ぜます。小麦粉と塩に液体をかき混ぜ、薄い生地
になるまで混ぜます。ふたをして2倍の大きさになるまで30分
ほど暖かい場所に置く。鉄板または厚手のフライパン（スキレ
ット）を熱し、薄く油をひきます。鉄板にカップ一杯分を注ぎ
、裏面に焼き色がつくまで約3分焼き、裏返して反対側も約2分
焼きます。残りの混合物で繰り返します。

イージードロップスコーン

15にします

セルフライジング（セルフライジング）小麦粉 100 g/4 オンス/1 カップ

塩ひとつまみ

上白糖（上白糖）15ml/大さじ1

卵1個

牛乳 150ml/¼pt/2/3カップ

給脂用油

薄力粉、塩、砂糖を混ぜ合わせ、真ん中をくぼませる。卵を落とし、なめらかな生地になるまで卵と牛乳を徐々に加えます。大きめのフライパン（スキレット）を熱し、油を薄くひく。熱くなったら、スプーン一杯の生地を鍋に入れ、丸い形にします。スコーン（ビスケット）がふくらみ、下面が黄金色になるまで約 3 分間調理したら、ひっくり返してもう一方の面に焼き色を付けます。ホットまたはホットでお召し上がりください。

メープルドロップスコーン

30になります

セルフライジング（セルフライジング）小麦粉 200g/7オンス/1¾カップ

米粉 25g/1オンス/¼カップ

ベーキングパウダー 10ml/小さじ2

上白糖 25g/1オンス/大さじ2

塩ひとつまみ

メープルシロップ 15ml/大さじ1

溶き卵1個

200 ml/7 液量オンス/少量の牛乳 1 カップ

ひまわり油

柔らかくしたバターまたはマーガリン 50g/2オンス/¼カップ

細かく刻んだくるみ 15ml/大さじ1

薄力粉、ベーキングパウダー、砂糖、塩を混ぜ合わせ、真ん中をくぼませる。メープルシロップ、卵、半分の牛乳を加えて滑らかになるまで混ぜます。残りの牛乳を加えて混ぜ、とろみのある生地にする。フライパン（スキレット）に少量の油を熱し、余分な油を捨てる。スプーン一杯の生地をフライパンに落とし、下面が黄金色になるまで炒める（ソテーする）.ひっくり返して反対側も焼きます。フライパンから取り出し、残りのスコーン (ビスケット) を揚げている間、保温します。バターまたはマーガリンをナッツでつぶし、温かいスコーンの上に風味付けしたバターをのせます。

グリドルスコーン

12になる

プレーン（万能）小麦粉 225 g/8 オンス/2 カップ

重炭酸ソーダ（重曹）5ml/小さじ1

タルタルクリーム 10ml/小さじ2

2.5ml/小さじ1/2の塩

ラード（ショートニング）またはバター 25g/1オンス/大さじ2

上白糖 25g/1オンス/大さじ2

牛乳 150ml/¼pt/2/3カップ

給脂用油

薄力粉、重曹、クリームターター、塩を混ぜ合わせます。ラードまたはバターをすり込み、砂糖を加えてかき混ぜます。生地が柔らかくなるまで牛乳を少しずつ加えていきます。生地を半分に切ってこね、それぞれ厚さ1cm程度の平べったい丸型に成形する。各ラウンドを6つにカットします。鉄板または大きめのフライパン（スキレット）を熱し、油を軽くひく。熱くなったら、スコーン(ビスケット) を鍋に入れ、下面が黄金色になるまで約5分間焼き、裏返して反対側を焼きます。ワイヤーラックで冷まします。

安っぽいグリドルスコーン

12になる

柔らかくしたバターまたはマーガリン 25g/大さじ2

カッテージチーズ 100g/1/2カップ

刻んだチャイブ 小さじ1/5ml

溶き卵 2個

薄力粉 40g/1½オンス/1/3カップ

米粉 15g/½オンス/大さじ2

ベーキングパウダー 小さじ1/5ml

牛乳 15ml/大さじ1

給脂用油

油以外の材料を混ぜて、とろみのある生地を作る。フライパン（スキレット）に少量の油を熱し、余分な油を捨てる。下側が黄金色になるまで、スプーン一杯の混合物を炒めます。スコーン（ビスケット）をひっくり返し、反対側も焼きます。フライパンから取り出し、残りのスコーンを揚げている間、保温しておいてください

特製スコッチパンケーキ

12になる

薄力粉 100 g/4 オンス/1 カップ

上白糖 10ml/小さじ2

タルタルクリーム 小さじ1/5ml

2.5ml/小さじ1/2の塩

2.5ml/小さじ½重炭酸ソーダ（重曹）

卵1個

ゴールデン（ライトコーン）シロップ 5ml/小さじ1

温めた牛乳 120ml/1/2カップ

給脂用油

乾燥材料を混ぜ合わせ、中央にくぼみを作ります。卵をシロップと牛乳で溶き、生地が非常に厚い生地になるまで小麦粉の混合物に混ぜます。ふたをして、混合物が泡立つまで約15分間放置します。大きな鉄板または厚手のフライパン（スキレット）を熱し、油を軽くひきます。小さじ一杯の生地を鉄板に落とし、片面を下面が黄金色になるまで約3分焼き、裏返してもう片面を約2分焼きます。残りの生地を調理している間、パンケーキを温かいティータオル(ふきん)で包みます。焼きたて、バター、トースト、またはフライ（ソテー）でお召し上がりください。

フルーツスコッチパンケーキ

12になる

薄力粉 100 g/4 オンス/1 カップ

上白糖 10ml/小さじ2

タルタルクリーム 小さじ1/5ml

2.5ml/小さじ1/2の塩

2.5ml/小さじ½重炭酸ソーダ（重曹）

レーズン 100g/4オンス/2/3カップ

卵1個

ゴールデン（ライトコーン）シロップ 5ml/小さじ1

温めた牛乳 120ml/1/2カップ

給脂用油

乾燥材料とレーズンを混ぜ合わせ、中央をくぼませる。卵をシロップと牛乳で溶き、生地が非常に厚い生地になるまで小麦粉の混合物に混ぜます。ふたをして、混合物が泡立つまで約15分間放置します。大きな鉄板または厚手のフライパン（スキレット）を熱し、油を軽くひきます。小さじ一杯の生地を鉄板に落とし、片面を下面が黄金色になるまで約3分焼き、裏返してもう片面を約2分焼きます。残りを調理している間、パンケーキを温かいティータオル(ふきん)で包みます。焼きたて、バター、トースト、またはフライ（ソテー）でお召し上がりください。

オレンジスコッチパンケーキ

12になる

薄力粉 100 g/4 オンス/1 カップ

上白糖 10ml/小さじ2

タルタルクリーム 小さじ1/5ml

2.5ml/小さじ1/2の塩

2.5ml/小さじ½重炭酸ソーダ（重曹）

すりおろしたオレンジの皮 10ml/小さじ2

卵1個

ゴールデン（ライトコーン）シロップ 5ml/小さじ1

温めた牛乳 120ml/1/2カップ

オレンジエッセンス（エキス）数滴

給脂用油

乾燥材料とオレンジの皮を混ぜ合わせ、中央にくぼみを作ります。卵をシロップ、牛乳、オレンジエッセンスと一緒に泡立て、小麦粉の混合物に非常に厚い生地ができるまで混ぜます.ふたをして、混合物が泡立つまで約15分間放置します。大きな鉄板または厚手のフライパン（スキレット）を熱し、油を軽くひきます。小さじ一杯の生地を鉄板に落とし、片面を下面が黄金色になるまで約３分焼き、裏返してもう片面を約２分焼きます。残りを調理している間、パンケーキを温かいティータオル (ふきん) で包みます。焼きたて、バター、トースト、またはフライ（ソテー）でお召し上がりください。

歌うヒニー

12になる

プレーン（万能）小麦粉 225 g/8 オンス/2 カップ

2.5ml/小さじ1/2の塩

ベーキングパウダー 2.5ml/小さじ1/2

ラード 50g（ショートニング）

バターまたはマーガリン 50g/2オンス/¼カップ

スグリ 100g/4オンス/2/3カップ

牛乳 120ml/1/2カップ

給脂用油

乾いた材料を混ぜ合わせ、ラードとバターまたはマーガリンを
パン粉のようになるまですり込みます。スグリをかき混ぜ、中
央にくぼみを作ります。生地がまとまるくらいの量の牛乳を混
ぜます。軽く打ち粉をした台の上で厚さ約1cm/½になるまで伸
ばし、フォークで上に穴をあけます。鉄板または厚手のフライ
パン（スキレット）を熱し、薄く油をひきます。ケーキの下面
が黄金色になるまで約5分間焼き、裏返して反対側を約4分間
焼きます。分割してバターを塗ってお召し上がりください。

ウェルシュケーキ

4人前

プレーン（万能）小麦粉 225 g/8 オンス/2 カップ

ベーキングパウダー 小さじ1/5ml

2.5 ml/小さじ 1/2 ミックス ミックス (アップルパイ) スパイス

バターまたはマーガリン 50g/2オンス/¼カップ

ラード 50g（ショートニング）

キャスターシュガー 75g/3オンス/1/3カップ

スグリ 50g/2オンス/1/3カップ

溶き卵1個

牛乳 30〜45ml/大さじ2〜3

ボウルに薄力粉、ベーキングパウダー、ミックススパイスを入れて混ぜます。混合物がパン粉のようになるまで、バターまたはマーガリンとラードをすり込みます。砂糖とスグリを入れてかき混ぜます。卵と十分な量の牛乳を混ぜて、固い生地を作ります。打ち粉をした台の上で厚さ5mmに伸ばし、7.5cmの輪切りにする。油を塗ったグリドルで片面約4分間、きつね色になるまで焼きます。

ウェルシュパンケーキ

12になる

薄力粉 175g/6オンス/1½カップ

歯石のクリーム 2.5ml/小さじ1/2

2.5ml/小さじ½重炭酸ソーダ（重曹）

上白糖 50g/2オンス/¼カップ

バターまたはマーガリン 25g/1オンス/大さじ2

溶き卵1個

牛乳 120ml/1/2カップ

酢 2.5ml/小さじ1/2

給脂用油

乾いた材料を混ぜ合わせ、砂糖を加えてかき混ぜます。バター
またはマーガリンを塗り、中央をくぼませる。卵と牛乳を混ぜ
て、薄い生地を作ります。酢をかき混ぜます。鉄板または厚手
のフライパン（スキレット）を熱し、薄く油をひきます。大さ
じ一杯の生地をフライパンに落とし、下面が黄金色になるまで
約3分間炒めます(ソテーします)。ひっくり返して反対側も2
分ほど焼きます。熱々でバターを塗ってお召し上がりください
。

メキシカンスパイスコーンブレッド

8巻になります

セルフライジング（セルフライジング）小麦粉 225 g/8 oz/2 カップ

チリパウダー 小さじ1/5ml

2.5ml/小さじ½重炭酸ソーダ（重曹）

200 g/7 oz/1 小缶 クリームスイートコーン (コーン)

カレーペースト 15ml/大さじ1

プレーンヨーグルト 250ml/1カップ

浅煎り用油

小麦粉、チリパウダー、炭酸水素塩を混ぜ合わせます。油以外の残りの材料を混ぜ合わせ、柔らかい生地になるまで混ぜます。軽く打ち粉をした表面に出して、滑らかになるまでやさしくこねます。8つに切り、それぞれを13cm/5インチの円形に叩きます。厚手のフライパン (スキレット) に油を熱し、コーンブレッドを両面 2 分間、焼き色がついて軽く膨らむまで揚げる (ソテーする)。

スウェーデンの平たいパン

4つにする

全粒粉（全粒粉）225 g/8 オンス/2 カップ

ライ麦または大麦の粉 225 g/8 オンス/2 カップ

塩 小さじ1/5ml

約250ml/8液量オンス/1カップのぬるま湯

給脂用油

ボウルに薄力粉と塩を入れて混ぜ、生地が固まるまで少しずつ水にさらす。使用する小麦粉によっては、多少の水が必要になる場合があります。混合物がボウルの側面から出るまでよく泡立てたら、軽く打ち粉をした表面に出して5分間こねます。生地を4等分し、20cm/8等分に薄くのばす。鉄板または大きめのフライパン（スキレット）を熱し、油を薄くひきます。一度に1つか2つのパンを片面約15分間、黄金色になるまで揚げます(ソテーします)。

ライ麦ととうもろこしの蒸しパン

1斤分23cm

ライ麦粉 175g/6オンス/1½カップ

全粒粉（全粒粉） 175 g/6 oz/1½ カップ

100 g/4 オンス/1 カップのオートミール

重炭酸ソーダ（重曹） 10ml/小さじ2

塩 小さじ1/5ml

牛乳 450 ml/¾ pt/2 カップ

175 g/6 オンス/½ カップの黒糖蜜 (糖蜜)

レモン汁 10ml/小さじ2

小麦粉、オートミール、炭酸水素塩、塩を混ぜ合わせます。牛乳、糖蜜、レモン汁をぬるま湯になるまで温め、乾いた材料に混ぜます。グリースを塗った 23 cm/ 9 インチのプディング ボウルにスプーンで入れ、プリーツ ホイルで覆います。大きな鍋に入れ、缶の側面の半分まで熱湯を注ぎます。ふたをして3時間煮沸し、必要に応じて熱湯を足します。提供する前に一晩放置してください。

とうもろこし蒸しパン

450 g/1 lb のパンが 2 つ作れます

薄力粉 175g/6オンス/1½カップ

コーンミール 225 g/8 オンス/2 カップ

ベーキングパウダー 15ml/大さじ1

塩ひとつまみ

卵3個

油 45ml/大さじ3

牛乳 150ml/¼pt/2/3カップ

300 g/11 オンスの缶詰のスイートコーン (コーン) を水気を切り、つぶします。

小麦粉、コーンミール、ベーキングパウダー、塩を混ぜ合わせます。卵、油、牛乳を混ぜ合わせ、スイートコーンと一緒に乾燥した材料に混ぜます。グリースを塗った 450 g/1 ポンドの 2 つのローフ缶 (フライパン) にスプーンで入れ、缶の側面の半分まで来るのに十分な量の熱湯を入れた大きな鍋に入れます。ふたをして2時間煮込み、必要に応じて熱湯を足します。外に出してスライスする前に、缶に入れて冷まします。

全粒粉のチャパティ

12になる

全粒粉（全粒粉）225 g/8 オンス/2 カップ

塩 小さじ1/5ml

水 150ml/¼pt/2/3カップ

ボウルに薄力粉と塩を入れて混ぜ、生地がまとまるまで少しず
つ水にさらす。12等分し、打ち粉をした台で薄く伸ばす。厚手
のフライパン (スキレット) またはグリドルに油を塗り、チャパ
ティを一度に数個、適度な熱で下が茶色になるまで炒めます (
ソテー)。ひっくり返してもう片面も軽く焼き色がつくまで焼き
ます。残りを揚げている間、チャパティを温めておきます。お
好みで片面にバターを塗ってお召し上がりください。

全粒粉プリス

8にします

全粒粉（全粒粉）100 g/4 オンス/1 カップ

薄力粉 100 g/4 オンス/1 カップ

2.5ml/小さじ1/2の塩

溶かしたバターまたはマーガリン 25g/大さじ2

水 150ml/¼pt/2/3カップ

揚げ物用油

薄力粉と塩を混ぜ合わせ、真ん中をくぼませる。バターまたはマーガリンを入れます。水を少しずつ加えながら、しっかりとした生地に混ぜます。5〜10分こねたら、ぬれ布巾をかぶせて15分おく。

生地を8等分し、それぞれを13cm/5インチの円形に薄くのばす。厚手の大きなフライパン（スキレット）に油を熱し、プリスを一度に1つか2つずつ、ふくらんでカリカリと黄金色になるまで炒めます。キッチンペーパー（ペーパータオル）で水気を切る。

アーモンドビスケット

24になります

柔らかくしたバターまたはマーガリン 100g/1/2カップ

上白糖 50g/2オンス/¼カップ

セルフライジング（セルフライジング）小麦粉 100 g/4 オンス/1 カップ

挽いたアーモンド 25g/1オンス/¼カップ

アーモンドエッセンス（エキス）数滴

バターまたはマーガリンと砂糖をクリーム状にし、ふわっとするまで混ぜます。小麦粉、砕いたアーモンド、アーモンドエッセンスを混ぜて固くします。クルミ大のボール状に成形し、油を塗った天板に並べ、フォークで軽く押さえて平らにする。ビスケット (クッキー) を予熱したオーブンで 180℃/350°F/ガスマーク 4 で 15 分間、きつね色になるまで焼きます。

アーモンドカール

30になります

100 g/4 オンス/1 カップのフレーク状 (スライス) アーモンド

バターまたはマーガリン 100g/1/2カップ

上白糖 100g/4オンス/1/2カップ

牛乳 30ml/大さじ2

薄力粉 15–30ml/大さじ1–2

アーモンド、バターまたはマーガリン、砂糖、牛乳を15ml/大さじ1杯の小麦粉を入れた鍋に入れます。穏やかに加熱し、混ぜ合わせるまで攪拌し、必要に応じて残りの小麦粉を加えて混合物をまとめます.油を塗って小麦粉をまぶしたベーキングシート（クッキー）の上に、スプーン一杯分をよく離して置き、180℃/350°F/ガスマーク 4 に予熱したオーブンで、薄茶色になるまで 8 分間焼きます。天板の上で30秒ほど冷ましてから、木のスプーンの柄に巻きつけるように形を整えます。冷たすぎて成形できない場合は、オーブンに数秒間戻し、残りを成形する前に再び温めます。

アーモンドリング

24になります

柔らかくしたバターまたはマーガリン 100g/1/2カップ

上白糖 100g/4オンス/1/2カップ

卵 1個

プレーン（万能）小麦粉 225 g/8 オンス/2 カップ

ベーキングパウダー 小さじ1/5ml

すりおろしたレモンの皮 小さじ1/5ml

フレーク（スライス）アーモンド 50g/2オンス/½カップ

ふりかけ用上白糖

バターまたはマーガリンと砂糖をクリーム状にし、ふわっとするまで混ぜます。卵黄を少しずつ加えて混ぜ、小麦粉、ベーキングパウダー、レモンの皮を加えて混ぜ、全体がまとまるまで手で仕上げる。5mmの厚さに伸ばし、ビスケット（クッキー）カッターで6cmの輪切りにし、中心を2cmのカッターで切り取る。油を塗ったベーキング (クッキー) シートにビスケットをよく離して置き、フォークで穴を開けます。予熱したオーブンで180℃/350°F/ガスマーク 4 で 10 分間焼きます。卵白を刷毛で塗り、アーモンドと砂糖をふりかけ、オーブンに戻してさらに5 分間、淡い黄金色になるまで焼きます。

地中海のアーモンドクラック

24になります

卵2個

アイシング（製菓用）砂糖 175 g/6 オンス/1 カップ

ベーキングパウダー 10ml/小さじ2

レモンのすりおろした皮 1/2個

バニラエッセンス（エキス）数滴

400g/14オンス/3.5カップのアーモンドパウダー

黄身と卵白1個を砂糖で白っぽくふわふわになるまで泡立てる。残りの材料をすべて入れて混ぜ、固い生地にします。クルミ大のボールに丸め、油を塗った天板（クッキー）の上に並べ、そっと押し下げて平らにします. 予熱したオーブンで180℃/350°F/ガスマーク 4 で 15 分間、表面がきつね色になりひびが入るまで焼きます。

アーモンドとチョコレートのクッキー

24になります

柔らかくしたバターまたはマーガリン 50g/2オンス/¼カップ

キャスターシュガー 75g/3オンス/1/3カップ

溶き卵（小）1個

薄力粉 100 g/4 オンス/1 カップ

ベーキングパウダー 2.5ml/小さじ1/2

挽いたアーモンド 25g/1オンス/¼カップ

すりおろしたプレーン（セミスイート）チョコレート 25g/1オンス/¼カップ

バターまたはマーガリンと砂糖をクリーム状にし、ふわっとするまで混ぜます。卵を少しずつ溶き入れ、残りの材料を混ぜて、かなり固い生地にします。混合物が湿りすぎている場合は、小麦粉を少し追加します。ラップで包み、30分冷やす。

生地を筒状にのばし、1cm/1/2の輪切りにする。油を塗ったベーキング (クッキー) シートに十分に離して配置し、予熱したオーブンで190℃/375°F/ガスマーク5で10分間焼きます。

アーミッシュのフルーツとナッツのビスケット

24になります

柔らかくしたバターまたはマーガリン 100g/1/2カップ

175 g/6 オンス/3/4 カップの砂糖

卵1個

牛乳 75ml/大さじ5

75 g/3 オンス/¼ カップの黒糖蜜 (糖蜜)

薄力粉 250g/9オンス/2¼カップ

ベーキングパウダー 10ml/小さじ2

シナモンパウダー 15ml/大さじ1

重炭酸ソーダ（重曹）10ml/小さじ2

すりおろしたナツメグ 2.5ml/小さじ½

ミディアムオートミール 50g/2オンス/½カップ

レーズン 50g/2オンス/1/3カップ

刻んだミックスナッツ 25g/1オンス/¼カップ

バターまたはマーガリンと砂糖をクリーム状にし、ふわっとするまで混ぜます。卵、牛乳、糖蜜を順に加えて混ぜます。残りの材料を入れて混ぜ、固い生地にします。混合物が硬すぎてうまくいかない場合は牛乳を少し追加し、粘着性が高すぎる場合は小麦粉を少し追加します。使用する小麦粉によって食感が異なります。生地を厚さ5mm程度にのばし、ビスケット（クッキー）型で丸く切る。油を塗ったベーキング (クッキー) シートの上に置き、予熱したオーブンで 180℃/350°F/ガスマーク 4 で10 分間、黄金色になるまで焼きます。

アニスビスケット

16にします

175 g/6 オンス/3/4 カップの砂糖

卵白 2個

卵1個

薄力粉 100 g/4 オンス/1 カップ

アニス 5ml/小さじ1

砂糖、卵白、卵を合わせて10分間泡立てます。小麦粉を徐々に加え、アニスをかき混ぜます。混合物を 450 g/1 ポンドのローフ型 (型) にスプーンで入れ、予熱したオーブンで180℃/350°F/ガス マーク 4 で 35 分間、中央に挿入された串がきれいになるまで焼きます。型から取り出し、1cm/1/2のスライスに切る。油を塗った天板にビスケット (クッキー) を横向きに置き、オーブンに戻ってさらに 10 分間加熱し、途中でひっくり返します。

バナナ、オーツ麦、オレンジ ジュースのクッキー

24になります

柔らかくしたバターまたはマーガリン 100g/1/2カップ

つぶした完熟バナナ 100g

オレンジジュース 120ml/1/2カップ

軽く泡立てた卵白4個

バニラエッセンス（エキス） 10ml/小さじ2

細かくすりおろしたオレンジの皮 5ml/小さじ1

225 g/8 オンス/2 カップのロールドオーツ

プレーン（万能）小麦粉 225 g/8 オンス/2 カップ

重炭酸ソーダ（重曹）5ml/小さじ1

すりおろしたナツメグ 小さじ1/5ml

塩ひとつまみ

バターまたはマーガリンを柔らかくなるまで練り、バナナとオレンジジュースを加えて混ぜます。卵白、バニラエッセンス、オレンジの皮を混ぜ合わせ、バナナの混合物に加え、残りの材料を加えます.ベーキング（クッキー）シートにスプーン一杯を落とし、予熱したオーブンで180℃ / 350°F /ガスマーク4で20分間、きつね色になるまで焼きます.

ベーシックビスケット

40になります
柔らかくしたバターまたはマーガリン 100g/1/2カップ

上白糖 100g/4オンス/1/2カップ

溶き卵1個

バニラエッセンス（エキス） 5ml/小さじ1

プレーン（万能）小麦粉 225 g/8 オンス/2 カップ

バターまたはマーガリンと砂糖をクリーム状にし、ふわっとするまで混ぜます。卵とバニラエッセンスを少しずつ加えて混ぜ、小麦粉を加えて滑らかな生地になるまでこねる。丸めてラップで包み、1時間冷やす。

生地を厚さ5mmにのばし、ビスケット（クッキー）型で丸く切る。油を塗ったベーキング (クッキー) シートに並べ、予熱したオーブンで 200℃/400°F/ガス マーク 6 で 10 分間、黄金色になるまで焼きます。シートの上で5分間冷ましてからワイヤーラックに移して冷まします。

カリカリふすまビスケット

16にします

全粒粉（全粒粉）100 g/4 オンス/1 カップ

ソフトブラウンシュガー 100g/1/2カップ

ロールドオーツ 25g/1オンス/¼カップ

ふすま 25g/1オンス/½カップ

重炭酸ソーダ（重曹）5ml/小さじ1

生姜 小さじ1/5ml

バターまたはマーガリン 100g/1/2カップ

ゴールデン（ライトコーン）シロップ 15ml/大さじ1

牛乳 15ml/大さじ1

乾燥成分を一緒に混ぜます。シロップと牛乳でバターを溶かし、乾いた材料に混ぜて固い生地を作ります。スプーン一杯のビスケット（クッキー）混合物を油を塗ったベーキング（クッキー）シートに置き、予熱したオーブンで160℃ / 325°F /ガスマーク3で15分間、きつね色になるまで焼きます.

ごまブランビスケット

12になる

全粒粉（全粒粉） 225 g/8 オンス/2 カップ

ベーキングパウダー 小さじ1/5ml

ふすま 25g/1オンス/½カップ

塩ひとつまみ

バターまたはマーガリン 50g/2オンス/¼カップ

ソフトブラウンシュガー 45ml/大さじ3

サルタナ（ゴールデンレーズン） 45ml/大さじ3

卵1個、軽く溶きます

牛乳 120ml/1/2カップ

ごま 45ml/大さじ3

小麦粉、ベーキングパウダー、ふすま、塩を混ぜ合わせ、バターまたはマーガリンをパン粉のようになるまですり込みます。砂糖とスルタナを入れてかき混ぜ、卵と十分な量の牛乳を混ぜて、柔らかくてもべたつかない生地を作ります。厚さ1cm/½に伸ばし、ビスケット（クッキー）カッターで丸く切ります。油を塗ったベーキング（クッキー）シートの上に置き、牛乳をはけで塗り、ごまを振りかけます。予熱したオーブンで220℃/425℉/ガスマーク 7 で 10 分間、きつね色になるまで焼きます。

キャラウェイ入りブランデービスケット

30になります

柔らかくしたバターまたはマーガリン 25g/大さじ2

ソフトブラウンシュガー 75g/3オンス/1/3カップ

卵1/2個

ブランデー 10ml/小さじ2

薄力粉 175g/6オンス/1½カップ

キャラウェイシード 10ml/小さじ2

ベーキングパウダー 小さじ1/5ml

塩ひとつまみ

バターまたはマーガリンと砂糖をクリーム状にし、ふわっとするまで混ぜます。卵とブランデーを少しずつ加えて混ぜ、残りの材料を混ぜて固い生地にします。ラップで包み、30分冷やす。

軽く打ち粉をした台の上で生地を厚さ約3mmに伸ばし、ビスケット（クッキー）カッターで丸く切ります。油を塗ったベーキングシート（クッキー）の上にビスケットを置き、予熱したオーブンで 200°C/400°F/ガスマーク 6 で 10 分間焼きます。

ブランデースナップ

30になります

バターまたはマーガリン 100g/1/2カップ

ゴールデン（ライトコーン）シロップ 100g/4オンス/1/3カップ

デメララシュガー 100g/1/2カップ

薄力粉 100 g/4 オンス/1 カップ

生姜 小さじ1/5ml

レモン汁 小さじ1/5ml

バターまたはマーガリン、シロップ、砂糖を鍋で溶かします。少し冷ましてから、小麦粉とショウガ、レモン汁を入れてかき混ぜます。ティースプーン一杯の混合物を 10 cm/4 インチ離して油を塗ったベーキング (クッキー) シートに落とし、予熱したオーブンで 180℃/350°F/ガス マーク 4 で 8 分間、きつね色になるまで焼きます。1分間冷ましてから、スライスして天板から持ち上げ、油を塗った木のスプーンの柄に転がします。スプーンのハンドルを外し、ワイヤーラックで冷まします。形を整える前にスナップが固くなりすぎた場合は、オーブンに1分間戻し、温めて柔らかくします.

バタービスケット

24になります

柔らかくしたバターまたはマーガリン 100g/1/2カップ

上白糖 50g/2オンス/¼カップ

レモンの皮のすりおろし 1個分

セルフライジング（セルフライジング）小麦粉 150g/5オンス/1¼カップ

バターまたはマーガリンと砂糖をクリーム状にし、ふわっとするまで混ぜます。レモンの皮で作業し、小麦粉を混ぜて固い混合物にする.クルミ大のボール状に成形し、油を塗った天板に並べ、フォークで軽く押さえて平らにする。ビスケット (クッキー) を予熱したオーブンで 180℃/350°F/ガスマーク 4 で 15 分間、きつね色になるまで焼きます。

バタースコッチビスケット

40になります

柔らかくしたバターまたはマーガリン 100g/1/2カップ

ダークソフトブラウンシュガー 100g/1/2カップ

溶き卵1個

バニラエッセンス（エキス） 1.5ml/小さじ1/4

プレーン（万能）小麦粉 225 g/8 オンス/2 カップ

ベーキングパウダー 7.5ml/小さじ1½

塩ひとつまみ

バターまたはマーガリンと砂糖をクリーム状にし、ふわっとするまで混ぜます。卵とバニラエッセンスを少しずつ加えます。薄力粉、ベーキングパウダー、塩を入れて混ぜます。生地を直径約5cmのロール状に3つ成形し、ラップで包み、4時間または一晩冷やします。

厚さ 3 mm/1/8 インチに切り、油を塗っていないベーキング (クッキー) シートに並べます。ビスケット (クッキー) を 190℃/375℉/ガスマーク 5 に予熱したオーブンで 10 分間、軽く焦げ目がつくまで焼きます。

キャラメルビスケット

30になります

柔らかくしたバターまたはマーガリン 50g/2オンス/¼カップ

ラード 50g（ショートニング）

ソフトブラウンシュガー 225g/1カップ

卵1個、軽く溶きます

薄力粉 175g/6オンス/1½カップ

1.5ml/小さじ1/4重炭酸ソーダ（重曹）

タルタルクリーム 小さじ1/4 1.5ml

すりおろしたナツメグ ひとつまみ

水 10ml/小さじ2

バニラエッセンス（エキス） 2.5ml/小さじ1/2

バターまたはマーガリン、ラード、砂糖をクリーム状にし、ふんわりするまで混ぜます。卵を少しずつ入れます。小麦粉、重炭酸ソーダ、タルタルクリーム、ナツメグを入れて混ぜ、水とバニラエッセンスを加えて混ぜ、生地を柔らかくします。ソーセージの形に丸め、ラップで包み、少なくとも 30 分、できればそれ以上冷やします。
生地を 1 cm/½ のスライスに切り、油を塗ったベーキング (クッキー) シートに並べます。ビスケット (クッキー) を 180℃/350°F/ガスマーク 4 に予熱したオーブンで 10 分間、黄金色になるまで焼きます。

にんじんとクルミのクッキー

48になります

柔らかくしたバターまたはマーガリン 175 g/6 オンス/3/4 カップ

ソフトブラウンシュガー 100g/1/2カップ

上白糖 50g/2オンス/¼カップ

卵1個、軽く溶きます

プレーン（万能）小麦粉 225 g/8 オンス/2 カップ

ベーキングパウダー 小さじ1/5ml

2.5ml/小さじ1/2の塩

100g/4オンス/1/2カップのつぶした調理済みニンジン

クルミ 100 g/4 オンス/1 カップ、みじん切り

バターまたはマーガリンと砂糖をクリーム状にし、ふわっとするまで混ぜます。卵を少しずつ溶き入れ、小麦粉、ベーキングパウダー、塩を入れて混ぜます。マッシュしたニンジンとクルミを入れます。小さじ一杯分を油を塗ったベーキング (クッキー) シートに落とし、予熱したオーブンで 200°C/400°F/ガスマーク 6 で 10 分間焼きます。

にんじんとクルミのオレンジアイス ビスケット

48になります

ビスケット (クッキー) の場合:
柔らかくしたバターまたはマーガリン 175 g/6 オンス/3/4 カップ

上白糖 100g/4オンス/1/2カップ

ソフトブラウンシュガー 50g/1/4カップ

卵1個、軽く溶きます

プレーン（万能）小麦粉 225 g/8 オンス/2 カップ

ベーキングパウダー 小さじ1/5ml

2.5ml/小さじ1/2の塩

バニラエッセンス（エキス） 5ml/小さじ1

100g/4オンス/1/2カップのつぶした調理済みニンジン

クルミ 100 g/4 オンス/1 カップ、みじん切り

アイシング（フロスティング）の場合：
アイシング（製菓用）砂糖 175 g/6 オンス/1 カップ

すりおろしたオレンジの皮 10ml/小さじ2

オレンジジュース 30ml/大さじ2

ビスケットを作るには、バターまたはマーガリンと砂糖をクリーム状にして軽くふわふわにする.卵を少しずつ溶き入れ、小麦粉、ベーキングパウダー、塩を入れて混ぜます。バニラエッセンス、つぶしたニンジン、クルミを入れます。小さじ一杯分を油を塗ったベーキング (クッキー) シートに落とし、予熱したオーブンで 200℃/400°F/ガスマーク 6 で 10 分間焼きます。

アイシングを作るには、粉砂糖をボウルに入れ、オレンジの皮をかき混ぜ、中央にくぼみを作ります.滑らかでかなり濃厚なアイシングになるまで、オレンジジュースを少しずつ少しずつ加えていきます。温かいうちにビスケットの上に広げ、冷まして固まらせます。

チェリービスケット

48になります

柔らかくしたバターまたはマーガリン 100g/1/2カップ

上白糖 100g/4オンス/1/2カップ

溶き卵1個

バニラエッセンス（エキス） 5ml/小さじ1

プレーン（万能）小麦粉 225 g/8 オンス/2 カップ

みじん切りにしたグラッセ（砂糖漬け）チェリー 50g/2オンス/¼カップ

バターまたはマーガリンと砂糖をクリーム状にし、ふわっとするまで混ぜます。卵とバニラエッセンスを少しずつ加えて混ぜ、小麦粉とさくらんぼを加えて滑らかな生地になるまでこねます。丸めてラップで包み、1時間冷やす。

生地を厚さ5mmにのばし、ビスケット（クッキー）型で丸く切る。油を塗ったベーキング (クッキー) シートに並べ、予熱したオーブンで 200℃/400°F/ガス マーク 6 で 10 分間、黄金色になるまで焼きます。シートの上で5分間冷ましてからワイヤーラックに移して冷まします。

チェリーとアーモンドのリング

24になります

柔らかくしたバターまたはマーガリン 100g/1/2カップ

きび砂糖 100 g/4 オンス/1/2 カップ、およびふりかけ用の追加分

卵 1個

プレーン（万能）小麦粉 225 g/8 オンス/2 カップ

ベーキングパウダー 小さじ1/5ml

すりおろしたレモンの皮 小さじ1/5ml

グラッセ（砂糖漬け）チェリー 60ml/大さじ4

フレーク（スライス）アーモンド 50g/2オンス/½カップ

バターまたはマーガリンと砂糖をクリーム状にし、ふわっとするまで混ぜます。卵黄を少しずつ加えて混ぜ、小麦粉、ベーキングパウダー、レモンの皮、さくらんぼを加えて、全体がまとまるまで手で混ぜます。厚さ5mmにのばし、ビスケット（クッキー）カッターで6cmの輪切りにし、中心を2cmのカッターで切り抜く。油を塗ったベーキング (クッキー) シートにビスケットをよく離して置き、フォークで穴を開けます。予熱したオーブンで 180℃/350°F/ガスマーク 4 で 10 分間焼きます。卵白を刷毛で塗り、アーモンドと砂糖をふりかけ、オーブンに戻してさらに 5 分間、淡い黄金色になるまで焼きます。

チョコレートバタービスケット

24になります

バターまたはマーガリン 100g/1/2カップ

上白糖 50g/2オンス/¼カップ

セルフライジング（セルフライジング）小麦粉 100 g/4 オンス/1 カップ

ココアパウダー（無糖チョコレート）30ml/大さじ2

バターまたはマーガリンと砂糖をクリーム状にし、ふわっとするまで混ぜます。小麦粉とココアを固い混合物に入れます。クルミ大のボール状に成形し、油を塗った天板に並べ、フォークで軽く押さえて平らにする。ビスケット (クッキー) を180°C/350°F/ガスマーク 4 に予熱したオーブンで 15 分間、焼き色がつくまで焼きます。

チョコレートとチェリーのロール

24になります

柔らかくしたバターまたはマーガリン 100g/1/2カップ

上白糖 100g/4オンス/1/2カップ

卵1個

バニラエッセンス（エキス） 2.5ml/小さじ1/2

プレーン（万能）小麦粉 225 g/8 オンス/2 カップ

ベーキングパウダー 小さじ1/5ml

塩ひとつまみ

ココア（無糖チョコレート）パウダー 25g/1オンス/¼カップ

25 g/1 オンス/大さじ 2 杯のグラッセ (砂糖漬け) チェリー、みじん切り

バターと砂糖をクリーム状にし、ふわっとするまで混ぜます。卵とバニラエッセンスを少しずつ加えて混ぜ、小麦粉、ベーキングパウダー、塩を加えて固い生地にします。生地を半分に分け、半分にココア、半分にさくらんぼを混ぜます。ラップで包み、30分冷やす。

生地を厚さ約3mmの長方形にのばし、重ねてめん棒で軽く押します。長い方からくるくる巻き、軽く押さえます。厚さ 1 cm/½ に切り、油を塗ったベーキング (クッキー) シートに十分に離して並べます。予熱したオーブンで 200℃/400°F/ガスマーク 6 で 10 分間焼きます。

チョコチップビスケット

24になります

バターまたはマーガリン 75g/1/3カップ

薄力粉 175g/6オンス/1½カップ

ベーキングパウダー 小さじ1/5ml

重曹（重曹） ひとつまみ

ソフトブラウンシュガー 50g/1/4カップ

ゴールデン（ライトコーン）シロップ 45ml/大さじ3

チョコレートチップ 100g/4オンス/1カップ

混合物がパン粉に似るまで、バターまたはマーガリンを小麦粉、ベーキングパウダー、炭酸水素塩にすり込みます.砂糖、シロップ、チョコチップを入れて混ぜ、なめらかな生地にする。小さなボールに成形し、油を塗ったベーキング (クッキー) シートに並べ、軽く押して平らにします。ビスケット (クッキー) を190℃/375°F/ガスマーク 5 に予熱したオーブンで 15 分間、黄金色になるまで焼きます。

チョコバナナチップクッキー

24になります

バターまたはマーガリン 75g/1/3カップ

薄力粉 175g/6オンス/1½カップ

ベーキングパウダー 小さじ1/5ml

2.5ml/小さじ½重炭酸ソーダ（重曹）

ソフトブラウンシュガー 50g/1/4カップ

ゴールデン（ライトコーン）シロップ 45ml/大さじ3

チョコレートチップ 50g/2オンス/½カップ

粗く刻んだ乾燥バナナチップス 50g/2オンス/½カップ

混合物がパン粉に似るまで、バターまたはマーガリンを小麦粉、ベーキングパウダー、炭酸水素塩にすり込みます.砂糖、シロップ、チョコレートとバナナチップスを混ぜ合わせ、生地を滑らかにします。小さなボールに成形し、油を塗ったベーキング(クッキー)シートに並べ、軽く押して平らにします。ビスケット(クッキー)を190℃/375°F/ガスマーク5に予熱したオーブンで15分間、黄金色になるまで焼きます。

チョコレートとナッツのバイト

24になります

柔らかくしたバターまたはマーガリン 50g/2オンス/¼カップ

175 g/6 オンス/3/4 カップの砂糖

卵1個

バニラエッセンス（エキス） 5ml/小さじ1

溶かしたプレーン（セミスイート）チョコレート 25g/1オンス/¼カップ

薄力粉 100 g/4 オンス/1 カップ

ベーキングパウダー 小さじ1/5ml

塩ひとつまみ

牛乳 30ml/大さじ2

刻んだミックスナッツ 25g/1オンス/¼カップ

アイシング（製菓用）砂糖、ふるいにかけ、まぶし用

バターまたはマーガリンとグラニュー糖をクリーム状にし、ふんわりするまで混ぜます。卵とバニラエッセンスを少しずつ加え、チョコレートを混ぜます。小麦粉、ベーキングパウダー、塩を混ぜ合わせ、牛乳と交互に混ぜる。ナッツを入れてかき混ぜ、蓋をして3時間冷やします。

混合物を 3 cm のボールに丸め、粉砂糖を入れます。軽く油を塗ったベーキング (クッキー) シートに並べ、予熱したオーブンで 180°C/350°F/ガス マーク 4 で 15 分間、軽く焦げ目がつくまで焼きます。粉砂糖をまぶしてお召し上がりください。

アメリカンチョコチップクッキー

20にします

225 g/8 オンス/1 カップのラード (ショートニング)

ソフトブラウンシュガー 225g/1カップ

グラニュー糖 100g

バニラエッセンス（エキス） 5ml/小さじ1

卵2個、軽く溶きます

薄力粉 175g/6オンス/1½カップ

塩 小さじ1/5ml

重炭酸ソーダ（重曹）5ml/小さじ1

225 g/8 オンス/2 カップのロールドオーツ

チョコレートチップ 350g/12オンス/3カップ

ラード、砂糖、バニラエッセンスをクリーム状にして軽くふんわりする。卵を少しずつ入れます。小麦粉、塩、重炭酸ソーダ、オート麦を入れて混ぜ、チョコレートチップを入れます。スプーン一杯の混合物を油を塗ったベーキング (クッキー) シートに置き、予熱したオーブンで 180℃/350°F/ガスマーク 4 で約10 分間、黄金色になるまで焼きます。

チョコレートクリーム

24になります

柔らかくしたバターまたはマーガリン 175 g/6 オンス/3/4 カップ

175 g/6 オンス/3/4 カップの砂糖

セルフライジング（セルフライジング）小麦粉 225 g/8 oz/2 カップ

75 g/3 オンス/3/4 カップの乾燥した (細かく刻んだ) ココナッツ

砕いたコーンフレーク 100 g/4 オンス/4 カップ

ココア（無糖チョコレート）パウダー 25g/1オンス/¼カップ

熱湯 60ml/大さじ4

100 g/4 オンス/1 カップのプレーン (セミスイート) チョコレート

バターまたはマーガリンと砂糖をクリーム状にし、小麦粉、コ
コナッツ、コーンフレークを加えてかき混ぜます。ココアを沸
騰したお湯と混ぜ合わせ、かき混ぜます。2.5 cm のボールに丸
め、油を塗ったベーキング (クッキー) シートに並べ、フォーク
で軽く押して平らにします。予熱したオーブンで 180℃/350°F/
ガスマーク 4 で 15 分間、黄金色になるまで焼きます。
耐熱ボウルにチョコレートを入れ、湯を沸かして溶かす。ビス
ケット（クッキー）の半分の上に広げ、残りの半分を上に押し
付けます。冷ます。

チョコチップとヘーゼルナッツのクッキー

16にします

200 g/7 オンス/わずか 1 カップのバターまたはマーガリン、軟化

上白糖 50g/2オンス/¼ カップ

ソフトブラウンシュガー 100g/1/2 カップ

バニラエッセンス（エキス）10ml/小さじ2

溶き卵1個

プレーン（万能）小麦粉 275 g/10 オンス/2½ カップ

ココアパウダー（無糖チョコレート）50g/2オンス/1/2カップ

ベーキングパウダー 小さじ1/5ml

75 g/3 オンス/¾ カップのヘーゼルナッツ

刻んだホワイトチョコレート 225 g/8 oz/2 カップ

バターまたはマーガリン、砂糖、バニラエッセンスを白っぽくふわふわになるまで混ぜ合わせ、卵を加えます。小麦粉、ココア、ベーキングパウダーを入れて混ぜます。混合物が結合するまで、ナッツとチョコレートをかき混ぜます。16個のボールに成形し、油を塗って裏打ちしたベーキング (クッキー) シートに均等に配置し、スプーンの背で少し平らにします。予熱したオーブンで 160℃/325°F/ガスマーク 3 で約 15 分間、固まるまで焼きますが、まだ少し柔らかくなります。

チョコレートとナツメグのビスケット

24になります

柔らかくしたバターまたはマーガリン 50g/2オンス/¼カップ

上白糖 100g/4オンス/1/2カップ

ココアパウダー（無糖チョコレート） 15ml/大さじ1

卵黄 1個

バニラエッセンス（エキス） 2.5ml/小さじ1/2

薄力粉 150g/5オンス/1¼カップ

ベーキングパウダー 小さじ1/5ml

すりおろしたナツメグ ひとつまみ

サワー（乳製品のサワー）クリーム 60ml/大さじ4

バターまたはマーガリンと砂糖をクリーム状にし、ふわっとするまで混ぜます。ココアをブレンド。卵黄とバニラエッセンスを加えて混ぜ、小麦粉、ベーキングパウダー、ナツメグを加えて混ぜます。滑らかになるまでクリームを混ぜます。カバーして冷やす。

生地を5mmの厚さに伸ばし、5cmのカッターで型抜きする。ビスケット(クッキー)を油を塗っていないベーキング(クッキー)シートに置き、予熱したオーブンで200°C/400°F/ガスマーク6で10分間、黄金色になるまで焼きます。

チョコレートトッピングのビスケット

16にします

柔らかくしたバターまたはマーガリン 175 g/6 オンス/3/4 カップ

キャスターシュガー 75g/3オンス/1/3カップ

薄力粉 175g/6オンス/1½カップ

50 g/2 オンス/½ カップの挽いた米

チョコレートチップ 75g/3オンス/3/4カップ

100 g/4 オンス/1 カップのプレーン (セミスイート) チョコレート

バターまたはマーガリンと砂糖をクリーム状にし、ふわっとするまで混ぜます。小麦粉と米粉を混ぜ、チョコチップをこねる。油を塗ったスイスロール缶（ゼリーロールパン）に押し込み、フォークで刺します。予熱したオーブンで 160℃/325°F/ガスマーク 3 で 30 分間、黄金色になるまで焼きます。温かいうちに指で印をつけ、完全に冷ます。

耐熱ボウルにチョコレートを入れ、湯を沸かして溶かす。ビスケット (クッキー) の上に広げて冷まし、指で切る前に固まるまで放置します。気密容器に保管してください。

コーヒーとチョコレートのサンドイッチ ビスケット

40になります

ビスケット (クッキー) の場合:

バターまたはマーガリン 175g/6オンス/3/4カップ

25 g/1 オンス/大さじ 2 ラード (ショートニング)

プレーン（万能）小麦粉 450 g/1 lb/4 カップ

塩ひとつまみ

ソフトブラウンシュガー 100g/1/2カップ

重炭酸ソーダ（重曹）5ml/小さじ1

濃いめのブラックコーヒー 60ml/大さじ4

バニラエッセンス（エキス）5ml/小さじ1

ゴールデン（ライトコーン）シロップ 100g/4オンス/1/3カップ

充填用:

インスタントコーヒーの粉 小さじ2/10ml

沸騰したお湯 10ml/小さじ2

上白糖 50g/2オンス/¼カップ

バターまたはマーガリン 25g/1オンス/大さじ2

牛乳 15ml/大さじ1

ビスケットを作るには、バターまたはマーガリンとラードを小麦粉と塩にすり込み、混合物がパン粉のようになるまでこすり、ブラウン シュガーを加えてかき混ぜます。重炭酸ソーダと少量のコーヒーを混ぜ、残りのコーヒー、バニラエッセンス、シロップを加えてかき混ぜ、なめらかな生地になるまで混ぜます

。軽く油を塗ったボウルに入れ、ラップ（ラップ）で覆い、一晩放置します。

軽く打ち粉をした台の上で生地を厚さ約1cm/½に伸ばし、2 x 7.5cm/¾ x 3インチの長方形に切ります。一つ一つにフォークで筋を入れて畝模様を作る。油を塗った天板に移し、予熱したオーブンで200℃/400°F/ガスマーク6で10分間、きつね色になるまで焼きます。ワイヤーラックで冷やします。

フィリングを作るには、小鍋にコーヒー粉を沸騰したお湯で溶かし、残りの材料をかき混ぜて沸騰させます。2分間沸騰したら、火から下ろし、とろみがつくまで泡立てて冷まします。フィリングと一緒にビスケットのペアをサンドイッチします。

クリスマスビスケット

24になります

柔らかくしたバターまたはマーガリン 100g/1/2カップ

上白糖 100g/4オンス/1/2カップ

プレーン（万能）小麦粉 225 g/8 オンス/2 カップ

塩ひとつまみ

シナモンパウダー 小さじ1/5ml

卵黄 1個

冷水 10ml/小さじ2

バニラエッセンス（エキス）数滴

アイシング（フロスティング）の場合：
225 g/8 オンス/11/3 カップのアイシング (製菓用) 砂糖、ふるいにかけた

水 30ml/大さじ2

食品着色料（オプション）

バターと砂糖をクリーム状にし、ふわっとするまで混ぜます。薄力粉、塩、シナモンを入れて混ぜ、卵黄、水、バニラエッセンスを加えて生地を固める。ラップで包み、30分冷やします。
生地を厚さ 5 mm/¼ に伸ばし、ビスケット (クッキー) カッターまたはよく切れるナイフでクリスマスの形に切り抜きます。木からぶら下げたい場合は、各ビスケットの上部に穴を開けます.
油を塗ったベーキング (クッキー) シートに形を置き、予熱したオーブンで 200℃/400℉/ガスマーク 6 で 10 分間、黄金色になるまで焼きます。冷ます。
アイシングを作るには、かなり濃いアイシングになるまで、粉砂糖に水を徐々に混ぜます。必要に応じて、少量ずつ異なる色

で着色します。型紙をビスケットに絞り、固まるまで放置します。穴にリボンや糸を通し、吊るします。

ココナッツビスケット

32になります

ゴールデン（ライトコーン）シロップ 50g/2オンス/大さじ3

バターまたはマーガリン 150g/2/3カップ

上白糖 100g/4オンス/1/2カップ

薄力粉 100 g/4 オンス/1 カップ

ロールドオーツ 75g/3オンス/¾カップ

50g/2オンス/1/2カップの乾燥した（細かく刻んだ）ココナッツ

重炭酸ソーダ（重曹） 10ml/小さじ2

熱湯 15ml/大さじ1

シロップ、バターまたはマーガリンと砂糖を一緒に溶かします。小麦粉、オート麦、乾燥ココナッツを入れてかき混ぜます。重炭酸ソーダとお湯を混ぜてから、他の材料をかき混ぜます。混合物を少し冷ましてから、32個に分割し、それぞれをボールに転がします。ビスケット(クッキー)を平らにし、油を塗ったベーキング(クッキー)シートに並べます。予熱したオーブンで160℃/325°F/ガスマーク 3 で 20 分間、黄金色になるまで焼きます。

コーンビスケット
フルーツクリーム添え

12になる

全粒粉（全粒粉） 150g/5オンス/1¼カップ

コーンミール 150g/5オンス/1¼カップ

ベーキングパウダー 10ml/小さじ2

塩ひとつまみ

225 g/8 オンス/1 カップのプレーンヨーグルト

透明なはちみつ 75g/1/4カップ

卵2個

油 45ml/大さじ3

フルーツクリームの場合：
柔らかくしたバターまたはマーガリン 150g/2/3カップ

レモン汁 1個分

バニラエッセンス（エキス） 数滴

上白糖 30ml/大さじ2

いちご 225g

小麦粉、コーンミール、ベーキングパウダー、塩を混ぜ合わせ
ます。ヨーグルト、はちみつ、卵、油を混ぜて滑らかな生地に
します。軽く打ち粉をした台の上で厚さ約1cm/½に伸ばし、大
きな輪切りにする。油を塗ったベーキング (クッキー) シートの
上に置き、予熱したオーブンで 200℃/400°F/ガスマーク 6 で
15 分間、黄金色になるまで焼きます。
フルーツクリームを作るには、バターまたはマーガリン、レモ
ン汁、バニラエッセンス、砂糖を混ぜます。飾り用に数個のイ

チゴを取っておき、残りをピューレにしてふるい（ストレーナー）でこすります。バターの混合物に混ぜてから、冷やします。提供する前に、各ビスケットにクリームのロゼットをスプーンまたはパイプで注ぎます.

コーニッシュ ビスケット

20にします

セルフライジング（セルフライジング）小麦粉 225 g/8 oz/2 カップ

塩ひとつまみ

バターまたはマーガリン 100g/1/2カップ

175 g/6 オンス/2/3 カップのキャスター (上等) 砂糖

卵1個

アイシング（製菓用）砂糖、ふるいにかけ、まぶし用

ボウルに薄力粉と塩を入れて混ぜ、バターかマーガリンを入れてパン粉状になるまでこねる。砂糖をかき混ぜます。卵を混ぜて、柔らかい生地になるまでこねます。打ち粉をした台の上で薄くのばし、輪切りにする。

油を塗ったベーキング (クッキー) シートの上に置き、予熱したオーブンで 200°C/400°F/ガス マーク 6 で約 10 分間、黄金色になるまで焼きます。

全粒カラントビスケット

36になります

柔らかくしたバターまたはマーガリン 100g/1/2カップ

デメララシュガー 50g/2オンス/¼カップ

卵2個

スグリ 100g/4オンス/2/3カップ

全粒粉（全粒粉）225 g/8 オンス/2 カップ

薄力粉 100 g/4 オンス/1 カップ

5 ml/小さじ1 の粉末ミックス (アップルパイ) スパイス

牛乳 150 ml/¼ pt/2/3 カップ、ブラッシング用に追加

バターまたはマーガリンと砂糖をクリーム状にし、ふわっとするまで混ぜます。卵黄を叩き、スグリをかき混ぜます。小麦粉と混合スパイスを混ぜ合わせ、牛乳と一緒に混ぜます。卵白を柔らかいツノが立つまで泡立て、混ぜ合わせて柔らかい生地を作ります。打ち粉をした台に生地をのばし、5cm角のビスケット（クッキー）型で型抜きします。油を塗ったベーキング (クッキー) シートの上に置き、牛乳を刷毛で塗ります。予熱したオーブンで 180℃/350°F/ガスマーク 4 で 20 分間、黄金色になるまで焼きます。

デーツサンドビスケット

30になります

柔らかくしたバターまたはマーガリン 225 g/1 カップ

ソフトブラウンシュガー 450g/2カップ

225 g/8 オンス/2 カップのオートミール

プレーン（万能）小麦粉 225 g/8 オンス/2 カップ

2.5ml/小さじ½重炭酸ソーダ（重曹）

塩ひとつまみ

牛乳 120ml/1/2カップ

225 g/8 オンス/2 カップ ストーンド (ピット付き)ナツメヤシ、非常に
細かく刻んだ

250 ml/8 液量オンス/1 カップの水

バターまたはマーガリンと半分の砂糖をクリーム状にし、ふん
わりするまで混ぜます。乾いた材料を混ぜ合わせ、クリーム状
の混合物に牛乳と交互に加えて、固い生地にします。打ち粉を
した台に広げ、ビスケット（クッキー）型で丸く切る。油を塗
ったベーキング (クッキー) シートの上に置き、予熱したオーブ
ンで 180℃/350°F/ガス マーク 4 で 10 分間、黄金色になるまで
焼きます。
鍋に残りの材料を全て入れ、沸騰させる。火を弱め、とろみが
つくまで時々かき混ぜながら20分煮る。冷ます。フィリングと
一緒にビスケットを挟みます。

ダイジェスティブ ビスケット (グラハム クラッカー)

24になります

全粒粉（全粒粉）175 g/6 oz/1½ カップ

薄力粉 50g/2オンス/1/2カップ

ミディアムオートミール 50g/2オンス/½カップ

2.5ml/小さじ1/2の塩

ベーキングパウダー 小さじ1/5ml

バターまたはマーガリン 100g/1/2カップ

ソフトブラウンシュガー 30ml/大さじ2

牛乳 60ml/大さじ4

小麦粉、オートミール、塩、ベーキング パウダーを混ぜ合わせ、バターまたはマーガリンをすり込み、砂糖を加えます。牛乳を少しずつ加えて混ぜ、なめらかな生地にする。べたつかなくなるまでよくこねます。5mmの厚さに伸ばし、ビスケット（クッキー）カッターで5cmの輪切りにする。油を塗ったベーキング (クッキー) シートの上に置き、180℃/350°F/ガスマーク 4 に予熱したオーブンで約 15 分間焼きます。

イースタービスケット

20にします

柔らかくしたバターまたはマーガリン 75 g/1/3 カップ

上白糖 100g/4オンス/1/2カップ

卵黄 1個

セルフライジング（セルフライジング）小麦粉 150g/6オンス/1½カップ

5 ml/小さじ 1 の粉末ミックス (アップルパイ) スパイス

15ml/大さじ1

スグリ 50g/2オンス/1/3カップ

牛乳 15ml/大さじ1

ふりかけ用上白糖

バターまたはマーガリンと砂糖をクリーム状にする。卵黄を加えて混ぜ、小麦粉とミックススパイスを加えて混ぜる。皮とスグリを十分な量の牛乳と混ぜて、固い生地を作ります。約5mmの厚さに伸ばし、ビスケット（クッキー）カッターで5cmの輪切りにする。油を塗った天板（クッキー）の上にビスケットを置き、フォークで刺します。予熱したオーブンで180℃/350°F/ガスマーク 4 で約 20 分間、黄金色になるまで焼きます。砂糖をふりかけます。

フロランタン

40になります

バターまたはマーガリン 100g/1/2カップ

上白糖 100g/4オンス/1/2カップ

ダブル（ヘビー）クリーム 15ml/大さじ1

刻んだミックスナッツ 100g/1カップ

サルタナ（ゴールデンレーズン）75g/3オンス/½カップ

グラッセ（砂糖漬け）チェリー 50g/2オンス/¼カップ

鍋にバターまたはマーガリン、砂糖、生クリームを弱火で溶かします。火からおろし、ナッツ、サルタナ、グラッセチェリーを入れてかき混ぜます。ライスペーパーを敷いたグリースを塗ったベーキング（クッキー）シートに、小さじ1杯を十分に離して落とします。予熱したオーブンで180℃/350°F/ガスマーク4で10分間焼きます。シートの上で5分間冷ましてから、ワイヤーラックに移して冷却を終了し、余分なライスペーパーを切り落とします。

チョコレート・フロランタン

40になります

バターまたはマーガリン 100g/1/2カップ

上白糖 100g/4オンス/1/2カップ

ダブル（ヘビー）クリーム 15ml/大さじ1

刻んだミックスナッツ 100g/1カップ

サルタナ（ゴールデンレーズン）75g/3オンス/½カップ

グラッセ（砂糖漬け）チェリー 50g/2オンス/¼カップ

100 g/4 オンス/1 カップのプレーン(セミスイート)チョコレート

鍋にバターまたはマーガリン、砂糖、生クリームを弱火で溶かす。火からおろし、ナッツ、サルタナ、グラッセチェリーを入れてかき混ぜます。ライスペーパーを敷いたグリースを塗ったベーキング（クッキー）シートに、小さじ1杯を十分に離して落とします. 予熱したオーブンで 180℃/350°F/ガスマーク 4 で 10 分間焼きます。シートの上で5分間冷ましてから、ワイヤーラックに移して冷却を終了し、余分なライスペーパーを切り落とします.

耐熱ボウルにチョコレートを入れ、湯を沸かしながら溶かす。ビスケット（クッキー）の上に広げ、冷まして固めます。

高級チョコレート フィレンツェ

40になります

バターまたはマーガリン 100g/1/2カップ

ソフトブラウンシュガー 100g/1/2カップ

ダブル（ヘビー）クリーム 15ml/大さじ1

刻んだアーモンド 50g/2オンス/¼カップ

刻んだヘーゼルナッツ 50g/2オンス/¼カップ

サルタナ（ゴールデンレーズン）75g/3オンス/½カップ

グラッセ（砂糖漬け）チェリー 50g/2オンス/¼カップ

100 g/4 オンス/1 カップのプレーン (セミスイート) チョコレート

ホワイトチョコレート 50g/2オンス/½カップ

鍋にバターまたはマーガリン、砂糖、生クリームを弱火で溶かします。火からおろし、ナッツ、サルタナ、グラッセチェリーを入れてかき混ぜます。ライスペーパーを敷いたグリースを塗ったベーキング（クッキー）シートに、小さじ1杯を十分に離して落とします.予熱したオーブンで 180°C/350°F/ガスマーク 4 で 10 分間焼きます。シートの上で5分間冷ましてから、ワイヤーラックに移して冷却を終了し、余分なライスペーパーを切り落とします.

プレーン チョコレートを耐熱ボウルに入れ、湯を沸かして溶かします。ビスケット（クッキー）の上に広げ、冷まして固めます。きれいなボウルにホワイト チョコレートを同じように溶かし、ランダムなパターンでビスケット全体にホワイト チョコレートの線を垂らします。

ファッジナッツビスケット

30になります

柔らかくしたバターまたはマーガリン 75 g/1/3 カップ

200 g/7 オンス/わずか 1 カップの上白糖 (上等) 砂糖

卵1個、軽く溶きます

カッテージチーズ 100g/1/2カップ

バニラエッセンス（エキス） 5ml/小さじ1

薄力粉 150g/5オンス/1¼カップ

ココア（無糖チョコレート）パウダー 25g/1オンス/¼カップ

ベーキングパウダー 2.5ml/小さじ1/2

1.5ml/小さじ1/4重炭酸ソーダ（重曹）

塩ひとつまみ

刻んだミックスナッツ 25g/1オンス/¼カップ

グラニュー糖 25g/1オンス/大さじ2

バターまたはマーガリンとグラニュー糖をクリーム状にし、ふんわりするまで混ぜます。卵とカッテージチーズを少しずつ混ぜます。グラニュー糖以外の材料を入れて混ぜ、生地をなめらかにする。ラップ（ラップ）で包み、1時間冷やします。
生地をくるみくらいの大きさに丸め、グラニュー糖をまぶす。ビスケット (クッキー) を油を塗ったベーキング (クッキー) シートに置き、予熱したオーブンで 180℃/350°F/ガスマーク 4 で 10 分間焼きます。

ドイツのアイスビスケット

12になる

バターまたはマーガリン 50g/2オンス/¼カップ

薄力粉 100 g/4 オンス/1 カップ

上白糖 25g/1オンス/大さじ2

ブラックベリージャム 60ml/大さじ4（保存）

アイシング（製菓用）砂糖 100g（2/3カップ）ふるいにかける

レモン汁 15ml/大さじ1

混合物がパン粉のようになるまで、バターを小麦粉にすり込みます。砂糖を入れて混ぜ、ペースト状にします。厚さ5mmにのばし、ビスケット（クッキー）カッターで丸く切る。油を塗ったベーキング（クッキー）シートの上に置き、180℃ / 350℉ / ガスマーク6で予熱したオーブンで10分間、冷めるまで焼きます。冷ます。

ビスケットをジャムと一緒に挟みます。ボウルに粉糖を入れ、中央をくぼませる。レモン汁を少しずつ混ぜてグラッセ（フロスティング）を作る。ビスケットの上に小雨を降らせ、そのままにしておきます。

ジンジャースナップ

24になります

柔らかくしたバターまたはマーガリン 300g/10オンス/1¼カップ

ソフトブラウンシュガー 225g/1カップ

75 g/3 オンス/¼ カップの黒糖蜜 (糖蜜)

卵1個

薄力粉 250g/9オンス/2¼カップ

重炭酸ソーダ（重曹） 10ml/小さじ2

2.5ml/小さじ1/2の塩

生姜 小さじ1/5ml

クローブ 5ml/小さじ1

シナモンパウダー 小さじ1/5ml

グラニュー糖 50g

バターまたはマーガリン、ブラウンシュガー、糖蜜、卵をクリーム状になるまで混ぜ合わせます。小麦粉、炭酸水素塩、塩、香辛料を混ぜ合わせます。バター混合物をかき混ぜ、しっかりとした生地に混ぜます。カバーして1時間冷やします。

生地を小さなボール状に成形し、グラニュー糖をまぶします。油を塗ったベーキング（クッキー）シートの上に十分に離して置き、少量の水を振りかけます．予熱したオーブンで 190℃/375℉/ガス 5 で 12 分間、焼き色がつくまで焼きます。

ジンジャービスケット

24になります

バターまたはマーガリン 100g/1/2カップ

セルフライジング（セルフライジング）小麦粉 225 g/8 oz/2 カップ

重炭酸ソーダ（重曹）5ml/小さじ1

生姜 小さじ1/5ml

上白糖 100g/4オンス/1/2カップ

温めたゴールデン（ライトコーン）シロップ 45ml/大さじ3

バターまたはマーガリンを小麦粉、炭酸水素塩、ショウガにすり込みます。砂糖を入れてかき混ぜ、次にシロップを混ぜ合わせ、固い生地になるまで混ぜます。クルミ大のボールに丸め、油を塗ったベーキング（クッキー）シートの上に離して置き、フォークで軽く押して平らにします. ビスケット (クッキー) を予熱したオーブンで 190℃/375°F/ガスマーク 5 で 10 分間焼きます。

ジンジャークッキー

約16になります

350 g/12 オンス/3 カップ セルフライジング (セルフライジング) 小麦粉

塩ひとつまみ

すりおろした生姜 10ml/小さじ2

ゴールデン（ライトコーン）シロップ 100g/4オンス/1/3カップ

バターまたはマーガリン 75g/1/3カップ

上白糖 25g/1オンス/大さじ2

卵1個、軽く溶きます

スグリ 少々 （お好みで）

薄力粉、塩、しょうがを混ぜ合わせます。シロップ、バターまたはマーガリン、砂糖を鍋で溶かします。少し冷ましてから、卵と一緒に乾いた材料に打ち込み、しっかりとした生地に混ぜます。打ち粉をした台の上で厚さ5mmになるまで伸ばし、カッターで切り抜きます。作れる数はカッターのサイズによって異なります。軽く油を塗ったベーキング (クッキー) シートに置き、必要に応じて目とボタンのビスケット (クッキー) にスグリをそっと押し込みます。予熱したオーブンで 180°C/350°F/ガスマーク 4 で 15 分間、きつね色になり手触りが固くなるまで焼きます。

全粒ジンジャービスケット

24になります

全粒粉（全粒粉） 200 g/1 3/4 カップ

ベーキングパウダー 10ml/小さじ2

すりおろした生姜 10ml/小さじ2

バターまたはマーガリン 100g/1/2カップ

ソフトブラウンシュガー 50g/1/4カップ

クリアハニー 60ml/大さじ4

薄力粉、ベーキングパウダー、生姜を混ぜ合わせる。バターまたはマーガリンを砂糖とハチミツで溶かし、乾燥した材料に混ぜて固い生地に混ぜます.打ち粉をした台の上で伸ばし、ビスケット（クッキー）カッターで丸く切ります。油を塗ったベーキング (クッキー) シートの上に置き、予熱したオーブンで190℃/375°F/ガス マーク 5 で 12 分間、黄金色でカリカリになるまで焼きます。

ジンジャーとライスのビスケット

2になる

プレーン（万能）小麦粉 225 g/8 オンス/2 カップ

2.5ml/小さじ1/2の挽いたメース

すりおろした生姜 10ml/小さじ2

バターまたはマーガリン 75g/1/3カップ

175 g/6 オンス/3/4 カップの砂糖

溶き卵1個

レモン汁 小さじ1/5ml

30ml/大さじ2杯

小麦粉とスパイスを混ぜ合わせ、パン粉のようになるまでバターまたはマーガリンをすり込み、砂糖を加えてかき混ぜます。卵とレモン汁を混ぜて固い生地にし、なめらかになるまでよくこねる。作業面に米粉をまぶし、生地を1cm/½インチの厚さにのばします。ビスケット（クッキー）カッターで5cm角の輪切りにする。油を塗ったベーキング (クッキー) シートに並べ、予熱したオーブンで 180°C/350°F/ガス マーク 4 で 20 分間、手触りが固くなるまで焼きます。

ゴールデンビスケット

36になります

柔らかくしたバターまたはマーガリン 75 g/1/3 カップ

200 g/7 オンス/わずか 1 カップの上白糖 (上等) 砂糖

卵2個、軽く溶きます

プレーン（万能）小麦粉 225 g/8 オンス/2 カップ

ベーキングパウダー 10ml/小さじ2

すりおろしたナツメグ 小さじ1/5ml

塩ひとつまみ

つや出し用の卵または牛乳

ふりかけ用上白糖

バターまたはマーガリンと砂糖をクリーム状にする。卵を少しずつ加えて混ぜ、小麦粉、ベーキングパウダー、ナツメグ、塩を加えて混ぜ、生地を柔らかくする。蓋をして30分休ませる。打ち粉をした台で生地を厚さ約5mmに伸ばし、ビスケット（クッキー）型で丸く切ります。油を塗ったベーキング（クッキー）シートの上に置き、溶き卵または牛乳をはけで塗り、砂糖をまぶします。予熱したオーブンで 200℃/400℉/ガスマーク 6 で8 ～ 10 分間、黄金色になるまで焼きます。

ヘーゼルナッツビスケット

24になります

柔らかくしたバターまたはマーガリン 100g/1/2カップ

上白糖 50g/2オンス/¼カップ

薄力粉 100 g/4 オンス/1 カップ

ヘーゼルナッツ 25 g/1 オンス/¼ カップ

バターまたはマーガリンと砂糖をクリーム状にし、ふわっとす
るまで混ぜます。固い生地になるまで、小麦粉とナッツを徐々
に加えます。小さなボールに丸め、油を塗ったベーキング (ク
ッキー) シートの上に離して置きます。予熱したオーブンで
180°C/350°F/ガスマーク 4 で 20 分間、ビスケット (クッキー)
を焼きます。

カリカリヘーゼルナッツビスケット

40になります

柔らかくしたバターまたはマーガリン 100g/1/2カップ

上白糖 100g/4オンス/1/2カップ

溶き卵1個

バニラエッセンス（エキス） 5ml/小さじ1

薄力粉 175g/6オンス/1½カップ

ヘーゼルナッツ 50g/2オンス/½カップ

刻んだヘーゼルナッツ 50g/2オンス/½カップ

バターまたはマーガリンと砂糖をクリーム状にし、ふわっとするまで混ぜます。卵とバニラエッセンスを少しずつ加えて混ぜ、小麦粉、ヘーゼルナッツ、ヘーゼルナッツを混ぜて生地を作ります。丸めてラップで包み、1時間冷やす。

生地を厚さ5mmにのばし、ビスケット（クッキー）型で丸く切る。油を塗ったベーキング(クッキー)シートに並べ、予熱したオーブンで 200℃/400°F/ガス マーク 6 で 10 分間、黄金色になるまで焼きます。

ヘーゼルナッツとアーモンドのビスケット

24になります

柔らかくしたバターまたはマーガリン 100g/1/2カップ

アイシング（製菓用）砂糖 75g/1/2カップ

ヘーゼルナッツ 50g/2オンス/1/3カップ

挽いたアーモンド 50g/2オンス/1/3カップ

薄力粉 100 g/4 オンス/1 カップ

アーモンドエッセンス（エキス） 5ml/小さじ1

塩ひとつまみ

バターまたはマーガリンと砂糖を白っぽくふんわりするまでクリーム状にします。残りの材料を混ぜて固い生地にします。丸めてラップで包み、30分冷やす。

生地を約1cmの厚さに伸ばし、ビスケット（クッキー）型で丸く切ります。油を塗ったベーキング（クッキー）シートの上に置き、180℃ / 350°F /ガスマーク4で予熱したオーブンで15分間、きつね色になるまで焼きます.

はちみつクッキー

24になります

バターまたはマーガリン 75g/1/3カップ

100 g/4 オンス/1/3 カップ セット ハチミツ

全粒粉（全粒粉） 225 g/8 オンス/2 カップ

ベーキングパウダー 小さじ1/5ml

塩ひとつまみ

マスコバドシュガー 50g/2オンス/¼カップ

シナモンパウダー 小さじ1/5ml

卵1個、軽く溶きます

バターまたはマーガリンと蜂蜜を混ぜ合わせるまで溶かします。残りの材料をかき混ぜます。スプーン一杯の混合物を油を塗ったベーキング (クッキー) シートによく分けて置き、予熱したオーブンで180℃/350°F/ガスマーク 4 で 15 分間、黄金色になるまで焼きます。ワイヤーラックに移して冷却を完了する前に、5分間冷ます。

ハニー・ラタフィアス

4になります

卵白 2個

挽いたアーモンド 100g/1カップ

アーモンドエッセンス（エキス） 数滴

透明なはちみつ 100g/4オンス/1/3カップ

ライスペーパー

卵白を固くなるまで泡立てる。アーモンド、アーモンドエッセンス、ハチミツを慎重に混ぜます。ライスペーパーを敷いたベーキング（クッキー）シートにスプーン一杯の混合物をよく離して置き、180℃ / 350°F /ガスマーク4で予熱したオーブンで15分間、黄金色になるまで焼きます.少し冷ましてから、紙をちぎって取り出します。

ハニーとバターミルクのビスケット

12になる

バターまたはマーガリン 50g/2オンス/¼カップ

セルフライジング（セルフライジング）小麦粉 225 g/8 oz/2 カップ

バターミルク 175ml/6液量オンス/3/4カップ

クリアハニー 45ml/大さじ3

混合物がパン粉のようになるまで、バターまたはマーガリンを小麦粉にすり込みます。バターミルクとハチミツを入れて混ぜ、固い生地にします。軽く打ち粉をした台の上に置き、なめらかになるまでこね、厚さ2cm/3/4に伸ばし、ビスケット（クッキー）型で5cm/2の円形に切ります。油を塗ったベーキング (クッキー) シートの上に置き、予熱したオーブンで 230℃/450°F/ガス マーク 8 で 10 分間、きつね色になるまで焼きます。

レモンバタービスケット

20にします

100 g/4 オンス/1 カップの米粉

薄力粉 100 g/4 オンス/1 カップ

キャスターシュガー 75g/3オンス/1/3カップ

塩ひとつまみ

ベーキングパウダー 2.5ml/小さじ1/2

バターまたはマーガリン 100g/1/2カップ

レモンの皮のすりおろし 1個分

溶き卵1個

米粉、小麦粉、砂糖、塩、ベーキングパウダーを混ぜ合わせます。混合物がパン粉のようになるまでバターをすり込みます。レモンの皮をかき混ぜ、十分な量の卵と混ぜて固い生地を作ります.やさしくこね、打ち粉をした台の上でのばし、ビスケット（クッキー）型で型抜きします。油を塗ったベーキング (クッキー) シートの上に置き、180℃/350℉/ガスマーク 4 に予熱したオーブンで 30 分間焼きます。シートの上で少し冷ましてから、ワイヤーラックに移して完全に冷まします.

レモンクッキー

24になります

バターまたはマーガリン 100g/1/2カップ

上白糖 100g/4オンス/1/2カップ

卵1個、軽く溶きます

プレーン（万能）小麦粉 225 g/8 オンス/2 カップ

ベーキングパウダー 小さじ1/5ml

レモンのすりおろした皮 1/2個

レモン汁 小さじ1/5ml

デメララ糖 30ml/大さじ2

バターまたはマーガリンとグラニュー糖を弱火で溶かし、とろみがつくまで絶えずかき混ぜます。火からおろし、卵、薄力粉、ベーキングパウダー、レモンの皮、果汁を加えて生地を作る。蓋をして30分冷やします。

生地を小さなボールに成形し、油を塗ったベーキング (クッキー) シートの上に並べ、フォークで平らに押します。デメララ糖をふりかける。予熱したオーブンで 180°C/350°F/ガスマーク4 で 15 分間焼きます。

融解の瞬間

16にします

柔らかくしたバターまたはマーガリン 100g/1/2カップ

キャスターシュガー 75g/3オンス/1/3カップ

溶き卵1個

薄力粉 150g/5オンス/1¼カップ

ベーキングパウダー 10ml/小さじ2

塩ひとつまみ

半分に切ったグラッセ（砂糖漬け）チェリー 8個

バターまたはマーガリンと砂糖をクリーム状にし、ふわっとするまで混ぜます。卵を少しずつ溶き入れ、小麦粉、ベーキングパウダー、塩を入れて混ぜます。滑らかな生地になるまでやさしくこねます。生地を 16 個の同じ大きさのボールに成形し、油を塗ったベーキング (クッキー) シートに間隔をあけて配置します。少し平らにしてから、それぞれにチェリーの半分をのせます。予熱したオーブンで 180°C/350°F/ガスマーク 4 で 15 分間焼きます。シートの上で5分間冷ましてから、ワイヤーラックに移して冷ます。

CPSIA information can be obtained
at www.ICGtesting.com
Printed in the USA
LVHW051125070223
738796LV00015B/1622